EPHRAIM
KISHON
für Einsteiger

Originalausgabe

Zusammengestellt und herausgegeben
von Brigitte Sinnhuber-Harenberg

Illustrationen
von Rudolf Angerer

WILHELM HEYNE VERLAG
MÜNCHEN

HEYNE ALLGEMEINE REIHE
Nr. 01/9306

Copyright © 1995
by Wilhelm Heyne Verlag GmbH & Co. KG, München
Alle Rechte an den Texten dieser Ausgabe Copyright ©
F. A. Herbig Verlagsbuchhandlung GmbH, München
Printed in Germany 1995
Umschlagillustration: Rudolf Angerer, Wien
Umschlaggestaltung: Atelier Ingrid Schütz, München
Satz: Schaber Satz- und Datentechnik, Wels
Druck und Bindung: RMO, München

ISBN 3-453-08615-5

Inhalt

Meine Masseneinwanderung 7
Wie werde ich wohnhaft? 13
Kein Weg nach Oslogrolls 19
Auf Mäusesuche 25
* Hitze 31
Ein Vater wird geboren 39
Wie man Freunde gewinnt 50
* Meine Stunde Null 56
Armut bereichert 63
Allzu sauber ist ungesund 66
Bankraub wie üblich 72
Die Rache des Kohlrabi 77
Die vier apokalyptischen Fahrer 83
Wie man sich die Versicherung sichert 89
* Der Fisch stinkt vom Kopfe 94
Dressur 104
Kontakt mit dem Jenseits 111
Durch den Kakao gezogen 117
Flüssiger Ablauf einer politischen Karriere 124
* Ein Ei, das keinem anderen gleicht 130
Dem Jodeln eine Gasse 135
Eine gemütliche Zusammenkunft 142
* Wie Napoleon besiegt wurde 148

Unterwegs mit der Familie 154
Nur keine Rechtsbeugung! 158
* Weiblicher Instinkt 166
Warten auf Nebenzahl 171
Gefahren des Wachstums 181
* Bargeldloser Verkehr 186
Die vollkommene Ehe 191
Vereinfachte Nachrichtenübermittlung 197
Frau Winternitz gegen Columbo 202
Schluck auf, Schluck ab 207
* Auf dem Trockenen 212
Freud und Praxis 218
Tagebuch eines Haarspalters 223
* Man ist so alt, wie man ist 230

Die mit einem Stern versehenen Titelformulierungen stammen von der Herausgeberin

Meine Masseneinwanderung

Tausende fabrikneuer Immigranten saßen hilflos auf Deck und starrten mit gemischten Gefühlen zum Gestade ihrer neuen Heimat hinüber. Die ökonomisch Gewitzteren hatten in ihren Koffern vorsorglich 200 000 Nagelbürsten untergebracht, weil sich in Genua kurz vor der Ausfahrt das Gerücht verbreitet hatte, daß Nagelbürsten in Israel Mangelware wären. Aus einem ähnlichen Grund hatte sich eine polnische Familie mit größeren Posten von Wachskerzen eingedeckt. Ich selbst war bei meinem Zwischenaufenthalt im Wiener Rothschildspital aus zweiter Hand in den Besitz einer kleinformatigen Maschine zur Erzeugung von Bakelit-Knöpfen gelangt, garantiert elektrisch und mit einem Produktionsausstoß von 2 Knöpfen pro Minute.

Meine Tante Ilka hatte mir geschrieben, daß man sich gegenwärtig in Israel nur durch Tiefseetauchen oder Penicillinerzeugung halbwegs auskömmlich ernähren könne, aber meine Zeit reichte nicht mehr aus, um einen dieser beiden Berufe zu erlernen. Andererseits wollte mein Onkel Jakob von einer freien Stelle in einem Automatenbüfett in Tel Aviv gehört haben und hoffte, mich dort als Automaten unterbringen zu können. Auf keinen Fall, so warnte mich Onkel Jakob, wäre es ratsam, in einen Kibbuz zu gehen, denn dort spräche man hebräisch. Aber ich sollte mir keine Sorgen machen, schrieb er, ich sei ja schließlich ein Veteran der zionistischen Bewegung und hätte Anspruch auf behördliche Hilfe. Unter diesem Gesichtspunkt befanden sich auf der ›Galilea‹ zwölf ehemalige Sekretäre von Theodor Herzl.

Meine ersten Hebräischkenntnisse hatte ich mir bereits auf hoher See angeeignet und konnte Wörter wie ›Schalom‹, ›toda‹ (danke) und ›Kibbuz‹ fließend aussprechen. Außerdem hatte ich mich bei den Jungpionieren, die im Unterdeck pausenlos Hora tanzten, wiederholt nach der Zeit erkundigt: »Wie spät ist es, Freunde? Bitte antwortet ungarisch.« Zu meinem Wortschatz gehörte ferner der Ausdruck ›Inschallah‹, über dessen Bedeutung ich mir allerdings nicht ganz im klaren war, und schließlich besaß ich den ersten Band eines hebräischen Wörterbuchs bis zum Buchstaben Mem. Ich konnte also getrost in die Zukunft blicken.

Das alles täuschte mich indessen nicht darüber hinweg, daß die Verpflegung auf der ›Galilea‹ zu wünschen übrigließ. Offenbar reichte der lange, dünne Arm des israelischen Ministeriums für Volksernährung schon bis hierher. Die Mahlzeiten bestanden entweder aus gefrorenem Fischfilet mit schwarzen Oliven oder aus schwarzen Oliven mit gefrorenem Fischfilet. Nur am Sabbat wurden die schwarzen Oliven durch grüne ersetzt. Als das Schiff vor Anker ging, bekamen wir statt der Oliven Pfirsiche und sangen in strahlender Laune das Lied ›Toda, Schalom, Kibbuz‹. Anschließend erinnerte uns der Schiffsrabbiner an das Bibelwort, daß der Mensch nicht vom Brot allein lebt, und veranstaltete eine Kollekte.

Im Hafen machte uns die Hitze schwer zu schaffen. Erst als uns ein Kenner erklärte, daß es nicht eigentlich die Hitze sei, sondern die Feuchtigkeit, fühlten wir uns etwas besser.

Je länger wir vor Anker lagen, desto hemmungsloser begannen wir auf die Regierung zu schimpfen, der wir nebst vielem anderen auch das Klima zur Last legten. Derlei gelegentliche Ausbrüche von Hysterie haben einer Einwanderungswelle noch nie geschadet. Einer meiner slowakischen Schicksalsgefährten erlitt beinahe einen Herzanfall, weil er seinen neuen Schuhlöffel nicht finden konnte. Noch beim Überschreiten der österreichischen Grenze hatte dieser Mann einen fürchterlichen Eid geschworen: Es mache ihm weiter nichts aus, auch im bloßen Hemd nach Israel zu kommen, wenn er nur hinkäme. Als eine russische Patrouille auftauchte, verzichtete er sogar auf das Hemd und war bereit, nackt einzuwandern. Und jetzt, im ersten jüdischen Hafen seit 2000 Jahren, wurde er eines Schuhlöffels wegen tobsüchtig, rief nach Ben Gurion, um ihn zur Verantwortung zu ziehen, und drohte mit seiner sofortigen Rückwanderung.

Statt Ben Gurion erschien einige Stunden später eine Persönlichkeit unzweifelhaft offiziellen Charakters, überbrachte uns im Namen der Jewish Agency einen herzlichen Willkommensgruß und forderte uns auf, unsere neue Nationalhymne, die Hatikwah, anzustimmen. Wir folgten seiner Aufforderung, wenn auch ohne Text. Anschließend bestürmten wir ihn mit Fragen, wo wir wohnen würden. Einige der Einwanderer waren entschlossen, sich in Tel Aviv anzusiedeln, andere gaben sich mit den Vorstädten zufrieden. Die eingangs erwähnten Wirtschaftsfachleute erkundigten sich nach den Preisen für Nagelbürsten und erfuhren zu ihrer bitteren Enttäuschung, daß dieser Artikel in Israel nicht gefragt wäre, weil die Bevölkerung weder über genügend lange Zeit noch über genügend lange Nägel verfüge. Auch die polnische Familie mußte zur Kenntnis nehmen, daß sie auf ihrem Kerzenlager sitzenbleiben würde.

Die weiteren Fragen, die allenthalben auf den Sendboten vom Festland eindrangen, lauteten: »Wieviel kostet eine Wohnung? Drei Zimmer mit Küche? Zwei Zimmer mit Kitchenette? Wieviel?«

»Sammle die Zerstreuten, spricht der Herr, und führe sie ins Gelobte Land«, antwortete mit schwacher Bibelstimme die Jewish Agency.

Von allen Problemen, die uns jetzt konfrontierten, war das Wohnungsproblem tatsächlich das dringlichste: Wie man uns erzählte, wurden in Petach Tikwah Taubenschläge im Ausmaß von 1,5 x 1,5 m für 12 Pfund monatlich zur Miete angeboten, ohne Ablöse, aber dafür mit einer Zusatzgebühr von 2 Pfund für die Leiter. Ein weitblickender Rumäne kam auf den grandiosen Einfall, sich in einem außer Betrieb befindlichen Aufzug in einem arabischen Hotel in Jaffa einzuquartieren. Alle beneideten ihn.

Was mich betrifft, so hatte ich zwei Möglichkeiten: entweder mit einem tripolitanischen Juden namens Sallach und seinen 15 lebhaften Kindern in eine Blechhütte des Auffanglagers von Haifa einzuziehen oder mein Lager vorübergehend bei Tante Ilka aufzuschlagen, deren Untermieter vor kurzem einen Schlaganfall erlitten hatte und sich nicht wehren konnte. Ich neigte dem Auffanglager zu, denn das Befinden des linksseitig Gelähmten konnte sich bessern, und was dann.

Die schwerste Enttäuschung bereitete mir Onkel Jakob, auf den ich alle meine Hoffnungen gesetzt hatte. Unter europäischen Zionisten sprach man von ihm wie von einer legendären Figur: Vor 30 Jahren wäre er mit einem kleinen Koffer nach Palästina gekommen, heute aber besäße er schon ein Fahrrad und, was mehr war, einen Kühlschrank. Wie sich zeigte, war der Kühlschrank mit seiner Wohnung identisch. Deshalb ging ja auch automatisch das Licht an, wenn er die Tür öffnete.

Unterdessen hatte man Gershon mit dem Schlüssel gefunden, und wir durften endlich an Land gehen. In einem Holzverschlag, von dessen Decke eine nackte elektrische Birne herabhing und vor dem sich die Einwanderer zu einer Schlange formierten, saß hinter einem wackeligen Tisch ein an seiner Khaki-Uniform und an seinem Jiddisch kenntlicher Einwanderungsbeamter, der alsbald mit den Formalitäten begann.

Uns alle überkam große Erregung und Erschütterung. Schließlich war es das erstemal, daß wir in unserer neuen Heimat Schlange standen.

Nach einer Stunde hatte ich den Tisch erreicht. Aus traurigen Brillengläsern, die ihm ständig von der Nase zu rutschen drohten, sah der Beamte mich an:

»Name?«

»Kishont Ferenc«, antwortete ich wahrheitsgemäß.

Das verwirrte ihn sichtlich:

»Welches von beiden ist der Familienname?«

»Kishont.«

»Kishon«, korrigierte mich die Amtsperson und rückte die Brille zurecht.

»Nein, nicht Kishon«, beharrte ich. »Kishont, mit einem t am Schluß.«

»Kishon«, wiederholte nicht minder beharrlich der Uniformierte. »Vorname?«

»Ferenc.«

Wieder betrachtete er mich mit einem verstörten Blick. Warum nur?

»Ephraim«, entschied er schließlich und hatte es auch schon aufgeschrieben.

»Nicht Ephraim, bitte! Ferenc!«

»Einen solchen Namen gibt es nicht. Der Nächste!«
Das war der Augenblick, in dem wir, der Staat Israel und ich, den Entschluß faßten, gemeinsam humoristische Geschichten zu schreiben: Nach einem solchen Beginn konnte es ja gar nicht anders weitergehen.

Wie werde ich wohnhaft?

Die Tatsache, daß gleichzeitig mit mir noch 600 000 andere Einwanderer ins Land kamen, bereitete den für ihre Unterbringung verantwortlichen Behörden großes Kopfzerbrechen. Es gab nämlich insgesamt nur 14 Wohnungen, die man unter den Neuankömmlingen verteilen konnte, und für drei von diesen vierzehn Wohnungen waren bereits fixe Anwärter vorgemerkt (sie standen in Verbindung mit Salzmann). Die Regierung ergriff unverzüglich energische Maßnahmen, um die Situation zu verschlimmern; sie unterdrückte 1. alle auf Profit abzielenden Versuche, Wohnungen oder Teile davon zu vermieten, und holte 2. ein uraltes Gesetz hervor, demzufolge jedermann, der sich in einer freistehenden Wohnung einmal eingenistet hat, von dort nie wieder ausgewiesen werden kann, sondern in dieser Wohnung verbleiben darf samt Weib und Kind und sämtlichen Nachkommen bis zum Jüngsten Tag.

Ich für meine Person hatte Glück. Gerade als ich weder aus noch ein wußte, begegnete ich meinem Freund und einstigen Schulkollegen Julius Botoni, der seine Wohnung in Tel Aviv für ein Jahr um 50 Pfund monatlich vermieten wollte, weil er ein einjähriges Stipendium nach Italien bekommen hatte, um dort einen Bridgekurs für Fortgeschrittene abzuhalten. Es traf sich also für uns beide ganz hervorragend. Wir besiegelten unser Abkommen durch einen freundschaftlichen Händedruck und trennten uns mit frohem Winken.

Botoni kam mir nachgeeilt:

»Es ist nicht Mißtrauen«, sagte er. »Aber vielleicht sollten wir die Angelegenheit durch einen Rechtsanwalt formell bestätigen lassen. Nur um etwa möglichen Schwierigkeiten vorzubeugen. Man kann nie wissen. Du verstehst.«

Ich verstand, und wir vereinbarten für den folgenden Tag eine Zusammenkunft bei Botonis Anwalt, Herrn Dr. Avigdor Wachsmann.

Als ich die Kanzlei des Anwalts betrat, war mir sofort klar, daß er bereits alles mit meinem Freund besprochen hatte. Jedenfalls saß Botoni leichenblaß und zitternd in einem Fauteuil: Dr. Wachsmann betrachtete mich gedankenvoll.

»Wir stehen vor einer schweren Entscheidung«, begann er. »Herr Botoni hat mich über die Sachlage unterrichtet. Ich finde 75 Pfund im Monat eher zu wenig, aber das ist schließlich Sache des Vermieters. Dessenungeachtet muß ich Sie fragen, mein Herr, welche Garantie Sie uns geben können, daß Sie die Wohnung tatsächlich nach Ablauf der einjährigen Mietfrist verlassen werden?«

»Entschuldigen Sie«, entgegnete ich ein wenig pikiert. »Wir beide sind schließlich alte Freunde und Schulkameraden. Oder nicht, Botoni?«

Botoni wollte antworten, brachte aber aus seiner offensichtlich verschnürten Kehle keinen Laut hervor. Statt dessen ergriff Dr. Wachsmann das Wort:

»In Fragen der Wohnungsmiete gibt es keine Sentimentalitäten. Das Mieterschutzgesetz legt fest, daß Sie eine Wohnung, die Sie einmal bezogen haben, nie wieder zu verlassen brauchen. Ich werde Sie deshalb bitten müssen, eine Kaution von 8000 Pfund bei mir zu erlegen.«

»Warum?« fragte ich. »Die Wohnung ist doch höchstens 6000 Pfund wert.«

»Richtig«, bestätigte Dr. Wachsmann. »Eben deshalb verlange ich ja eine höhere Summe, weil Sie es dann ganz bestimmt vorziehen werden, die Wohnung zu räumen. Ich verlange die Summe in bar und werde sie nach Ablauf ihrer Miete noch ein weiteres Jahr einbehalten, damit Sie keinen Versuch machen, die Wohnung auf betrügerischen Wegen wieder zu beziehen. Wenn Sie mit diesen Bedingungen einverstanden sind und sie zu unserer Zufriedenheit erfüllen, bekommen Sie die Schlüssel.«

Ich nahm ein Darlehen auf und brachte dem Anwalt das Geld. Als ich es auf den Tisch legte, fiel Botoni mit einem leisen Aufschrei in Ohnmacht.
»In Ordnung«, sagte Dr. Wachsmann, nachdem er die Banknoten gezählt hatte. »Jetzt ist nur noch eine Kleinigkeit zu regeln. Was geschieht, wenn das Geld durch Inflation entwertet wird?«
»Ich erkläre hiermit an Eides Statt, daß ich die Wohnung auch dann räumen werde.«
»In Fragen der Wohnungsmiete gibt es keine eidesstattlichen Erklärungen. Wir brauchen Garantien. Hier mein Vorschlag: Sie adoptieren Herrn Botoni und bestimmen ihn zugleich testamentarisch zum einzigen gesetzlichen Erben Ihres gesamten beweglichen und unbeweglichen Vermögens einschließlich der Mietrechte an seiner Wohnung. Diese Formalitäten möchte ich a priori, ipso facto und in toto unwiderruflich gesichert haben. Es ist, wie gesagt, nur eine Formalität.«
Ich mußte ihm recht geben, adoptierte meinen Schulkameraden Botoni und machte mein Testament. Auf Dr. Wachsmanns Wunsch übernahm ich auch noch die Beerdigungskosten und die Erbschaftssteuer. Dann händigte ich ihm meinen Familien-

schmuck aus, den ich für den äußersten Notfall aus Europa mitgebracht hatte, und dann war die Zeremonie vorüber. Am nächsten Tag sollte ich die Schlüssel bekommen.

Mein Stiefsohn saß während der ganzen Zeit zusammengekauert in einer Ecke und wimmerte.

Am nächsten Tag bekam ich die Schlüssel nicht. Mit engelsgleicher Geduld setzte mir Dr. Wachsmann auseinander, daß für den Fall eines verfrühten Ablebens seines Mandanten bestimmte Vorkehrungen zu treffen wären, damit er bei dieser ganzen Transaktion keinen Verlust erlitte. Ich sollte deshalb an das Oberrabbinat ein formelles Ansuchen richten, über mich den sogenannten ›großen Bannfluch‹ zu verhängen, falls ich nach Ablauf eines Jahres auch nur einen Tag länger in der Wohnung verbliebe.

Kaum hatte ich das entsprechende Dokument unterzeichnet, als Botoni einen Nervenzusammenbruch erlitt. Er sprang auf, begann zu brüllen, beschuldigte seinen Anwalt, daß er es an der nötigen Sorgfalt mangeln ließe, außerdem sei ich kein religiöser Mensch und kümmere mich nicht um Bannflüche, und er, Botoni, spüre in allen Knochen, daß er seine Wohnung endgültig eingebüßt habe.

Nach einer kurzen Beratung, zu der sich die beiden Herren ins Nebenzimmer zurückzogen, erklärte mir Dr. Wachsmann, daß er sich den Argumenten Botonis nicht verschließen könne. Deshalb müsse ich von einer der im Sicherheitsrat der UNO vertretenen Großmächte einen Garantievertrag beibringen, daß sie im Falle einer nicht fristgerechten Freigabe der Wohnung bereit wäre, auch mit kriegerischen Mitteln gegen Israel vorzugehen.

Wir einigten uns auf Frankreich. Ich ließ alle

meine Verbindungen spielen und bekam tatsächlich die erforderliche Unterschrift des französischen Botschafters, nachdem ihm der Quai d'Orsay die entsprechenden Instruktionen gekabelt hatte. Danach blieb nur noch eine letzte Formalität übrig, nämlich der Ankauf einer Dreizimmerwohnung in Tel Aviv, die auf den Namen Dr. Wachsmanns zu überschreiben und erst dann freizugeben wäre, wenn ich meinerseits die Wohnung Botonis freigegeben hätte. Durch eine Zusatzerklärung erteilte ich einer von Dr. Wachsmann vertretenen Firma, die sich mit der Erzeugung von Insektenvertilgungsmitteln beschäftigte, das unwiderrufliche Recht, die Wohnung Botonis nach Ablauf eines Jahres mit Kohlenmonoxyd auszuräuchern, falls ich sie dann noch besetzt hielte.

Jetzt konnte der Vertrag zwischen mir und Botoni endlich ausgefertigt werden. Er wies einen Umfang von achtundzwanzig Seiten auf und legte fest, daß die in Rede stehende Wohnung großherzigerweise und in gutem Glauben an mich – im folgenden kurz ›Der Eindringling‹ genannt – für die Dauer eines Jahres von Herrn Julius Botoni – kurz ›Der Wohltäter‹ genannt – gegen eine monatliche Zahlung von 100 Pfund vermietet wurde, unter der ausdrücklichen Voraussetzung, daß der Eindringling kein wie immer geartetes Recht besäße, länger als ein Jahr in der Wohnung des Wohltäters zu verbleiben.

Ich machte mich sofort an das Studium des Vertrages, und schon zwei Tage später unterschrieben wir ihn. Botoni erhob sich mühsam von seiner Tragbahre, übergab mir mit zitternder Hand die Schlüssel, zischte mir ein paar beleidigende Worte zu und fiel tot um. Ich dachte zuerst, daß er aus Angst um seine Wohnung gestorben wäre. Er war jedoch, wie sich alsbald herausstellte, nicht wirklich tot, sondern nur in einen Starrkrampf verfallen.

So kam ich zu einer Wohnung im Zentrum von Tel Aviv. Leider konnte ich keinen Gebrauch von ihr machen. Der § 579 unseres Mietvertrags besagte: »Dem Eindringling ist es verboten, die Wohnung, beginnend mit dem Tag der Unterzeichnung dieses Vertrages, zu beziehen.« Dr. Wachsmann zufolge war diese Vorbeugungsklausel nötig, um sicherzustellen, daß ich die Wohnung nach Ablauf eines Jahres zuverlässig räumen würde.

Kein Weg nach Oslogrolls

Das ganze Malheur wäre nicht geschehen, wenn Sulzbaum sich nicht eingebildet hätte, daß ich der richtige Mann für diesen Posten wäre. Sulzbaum hatte schon seit langem nach einem Mann mit Hirn Ausschau gehalten, nach einem wirklichen Kopf, dem er wirklich vertrauen könnte. Jetzt, nachdem wir einige Zeit verhandelt hatten, machte er eine unmißverständliche Andeutung, daß er sich ernsthaft mit dem Gedanken trug, die Sache in meine Hände zu legen.

Als ich ihn an jenem schicksalsträchtigen Abend anrief, ließ er mich wissen, daß er den Abschluß unserer Verhandlungen nun nicht mehr länger hinauszögern wolle, und bat mich, ihn sogleich aufzusuchen. Meine Freude läßt sich in Worten gar nicht schildern. Sulzbaum ist immerhin Sulzbaum, das steht außer Zweifel. Ich fragte ihn also ohne weitere Umschweife nach seiner Adresse.

»Helsingforsstraße 5«, sagte er.

»Fein«, sagte ich. »In ein paar Minuten bin ich bei Ihnen.«

»Ausgezeichnet«, sagte er.

Ich machte mich unverzüglich auf den Weg. Aber schon nach wenigen Schritten stellte sich mir ein Hindernis entgegen, das schwerer zu übersteigen war als eine Barrikade: ich hatte den Straßennamen vergessen. Glatt vergessen. Ich konnte mich nur noch erinnern, daß der erste Buchstabe ein P war.

Rasch entschlossen betrat ich eine Telefonzelle und wollte Sulzbaums Adresse aus dem Telefonbuch heraussuchen.

Es war kein Sulzbaum im Telefonbuch. Um ganz sicherzugehen, sah ich noch unter Z nach. Es war auch kein Zulzbaum im Telefonbuch.

Wahrscheinlich hat er einen neuen Anschluß, dachte ich. Ein Glück, daß ich mir die Nummer aufgeschrieben hatte. Ich läutete bei ihm an.

»Mir ist etwas Komisches passiert«, sagte ich. »Ich habe den Namen Ihrer Straße vergessen.«

»Helsingfors«, sagte Sulzbaum. »Helsingforsstraße 5.«

»Danke vielmals.«

Durch Schaden gewitzt, wiederholte ich unablässig und leise »Helsingfors... Helsingfors...«, bis ich endlich, hoch oben im Norden der Stadt, einen Passanten nach der genauen Lage der Straße fragen konnte:

»Entschuldigen Sie bitte, wo ist hier die...«

»Leider«, unterbrach mich der Befragte. »Ich bin selber fremd hier. Ich suche die Uziel-Straße.«

»Uziel-Straße... Zufällig weiß ich, wo die ist. Geradeaus, und dann die zweite rechts.«

»Vielen Dank. Ich bin Ihnen sehr verbunden. Übrigens – wie heißt die Straße, die Sie suchen?«

»Ich? Ich suche... nein, so was!«

Tatsächlich: dieser verdammte Uziel hatte mich meinen eigenen Straßennamen vergessen lassen. Ich erinnerte mich nur noch, daß die Straße mit einem K anfing. Die Nummer war 9 oder 19, das wußte ich nicht mehr so genau.

Es widerstrebte mir, nochmals bei Sulzbaum anzurufen. Sonst hielte er mich vielleicht für einen jener gedächtnisschwachen Menschen, die imstande sind, Straßennamen zu vergessen, auch wenn man sie ihnen zweimal sagt. Ich zermarterte mein Hirn nach dem vergessenen Namen. Aber da bestätigte sich wieder einmal die alte Erfahrung, daß ich – wie jeder höher organisierte Intellekt – ein plötzlich mir aufgezwungenes Problem nicht lösen kann. Unter solchen Umständen tat ich das einzig mögliche: ich setzte mich in ein Kaffeehaus, entspannte mich und wartete auf die fällige Erleuchtung.

Sie kam nicht. Der einzige Straßenname, der mir einfiel, war Schmarjahu Levin (an den ich mich bis dahin niemals hatte erinnern können, weiß der Teufel warum). Nun wußte ich aber, daß der Name, den ich suchte, nicht Schmarjahu Levin war. Es war ein ausländischer Name, das schon, und er begann mit einem L. Aber weiter kam ich nicht.

Also läutete ich nochmals bei Sulzbaum an.

»Hallo«, sagte ich. »Ich bin bereits unterwegs. Könnten Sie mir sagen, wie ich am schnellsten zu Ihrem Haus komme?«

»Wo sind Sie jetzt?«

»Ben Jehuda-Straße.«

»Da sind Sie schon ganz in der Nähe. Lassen Sie sich's von irgendeinem Passanten zeigen.«

»Mach ich. Und wie buchstabiert man den Straßennamen?«

»So wie man ihn ausspricht. Warum?«

»Ich habe den Eindruck, daß die Leute hier den Namen nicht recht kennen. Es scheint eine neue Straße zu sein.«

»Gar so neu ist sie nicht.«

»Trotzdem. Ein so langer Straßenname ...«

»Wieso? Da gibt es noch viel längere. Die Hohepriester-Matitjahu-Straße zum Beispiel. Oder die Straße der Tore von Nikanor. Oder die Akiba-Kolnomicerko-Straße.«

»Gewiß, gewiß. Aber bei Ihrer Straße verstaucht man sich die Zunge.«

»Kann ich nicht finden. Man gewöhnt sich. Und

überhaupt: warum machen Sie sich plötzlich so viel Sorgen über einen Straßennamen? Ich warte auf Sie. Kommen Sie oder nicht?«

»Natürlich. In fünf Minuten.«

»Gut.«

Sulzbaum legte den Hörer auf, und ich stand in der Zelle. Es waren vielleicht die schwierigsten Augenblicke meines bisherigen Lebens. Die Namen ›Hohepriester Matitjahu‹, ›Tore von Nikanor‹ und ›Akiba Kolnomicerko‹ hatten sich unauslöschlich in mein Gedächtnis eingegraben, ohne daß ich die geringste Verwendung für sie gehabt hätte.

Eine Weile verstrich, ehe ich mich entschloß, den Hörer abzuheben und meinen Finger an die Drehscheibe zu setzen.

»Sulzbaum«, flüsterte ich, »lieber Sulzbaum. Wie heißt Ihre Straße?«

Sulzbaums Stimme kam mit eisigem Zischen:

»Helsingfors. Vielleicht schreiben Sie sich's auf!«

Ich griff in die Tasche, um meinen Kugelschreiber hervorzuholen, fand aber keinen.

Und bevor ich Sulzbaum noch informieren konnte, daß ich in fünf Minuten bei ihm sein würde, hatte er schon abgehängt.

Diesmal würde ich die Fehler der Vergangenheit nicht wiederholen. Diesmal machte ich's mit der Mnemotechnik. Ich analysierte den Namen Helsingfors. Der erste Teil erinnert an die finnische Hauptstadt Helsinki. Der zweite Teil ist nahezu identisch mit der bekannten amerikanischen Automarke Ford. Und die beiden sind durch ein ›g‹, den siebenten Buchstaben im Alphabet, miteinander verbunden. Ganz einfach. Helsin(ki)-g-for(d)-s Nummer 5.

Schon war ein Taxi zur Stelle. Ich warf dem Fahrer ein gleichgültiges »Helsingforsstraße 5« hin.

»Helsingforsstraße 5«, wiederholte er und gab Gas.

Ich lehnte mich in die Kissen zurück und sinnierte, wie seltsam es doch war, daß ein Mann meines geistigen Kalibers, der sich noch an die entlegensten Antworten längst vergangener Mittelschulprüfungen erinnert, zum Beispiel: ›Die Hauptstadt von Dazien hieß Sarmisegetuza‹ – daß ein solcher Mann, der fast schon ein Elektronenhirn sein eigen nennt, einen so kindisch einfachen Straßennamen vergessen konnte wie ... wie ...

»Entschuldigen Sie.« Der Fahrer wandte sich zu mir um. »Wie heißt die Straße?«

Graue Schleier senkten sich über meine Augen. Alles, was mir einfiel, war ›Sarmisegetuza‹, aber so hieß sie bestimmt nicht. Ich tat das Nächstliegende und verfluchte den Fahrer. Er schwor, daß er den Namen an der Ecke der Frischmannstraße noch gewußt hatte.

»Na schön.« Ich fand die Ruhe wieder, die meiner intellektuellen Überlegenheit angemessen war. »Wir wollen versuchen, den Namen zu rekonstruieren. Gehen wir systematisch vor. An was erinnern Sie sich?«

»An nichts«, lautete die unverschämte Antwort des motorisierten Wegelagerers. »Höchstens an die Hausnummer 173.«

»Konzentrieren Sie sich, Mann! Denken Sie!«

»Seeligbergstraße ... Salmanowskistraße ... irgend so was ...«

Plötzlich fiel mir die Mnemotechnik ein. Ich war gerettet. Die Hauptstadt von Norwegen heißt Oslo – in der Mitte kommt ein ›g‹ – und dann der erste Teil dieser berühmten englischen Automarke.

»Oslogrolls-Straße, Sie Vollkretin«, sagte ich mit schneidendem Hohn.

Der Fahrer nickte dankbar, machte eine scharfe

Kehrtwendung und sauste nach Süden. An der nächsten Ecke blieb er stehn:

»Tut mir leid. Eine solche Straße gibt es nicht.«

Offen gesagt: auch ich hatte nicht recht daran geglaubt, daß es sie gäbe. Aber der prompte Start des Fahrers hatte mich wieder unsicher gemacht. Jetzt wußte ich sogar, wo mein Irrtum steckte: es war kein ›g‹ in der Mitte. Oslorolls... Osloroyce...

»Was jetzt?« fragte der Fahrer. Tatsächlich, er fragte: »Was jetzt?«

In stummer Verachtung schleuderte ich ihm eine Pfundnote ins Gesicht, sprang aus dem Wagen, eilte federnden Schrittes auf die nächste Telefonzelle zu und läutete bei Sulzbaum an.

»Ich bin sofort bei Ihnen«, beschwichtigte ich ihn. »Aber es ist etwas geradezu Unglaubliches geschehen. Ich...«

»Helsingfors!« brüllte Sulzbaum, daß die Wände der Telefonzelle zitterten. »Helsingfors!! Und Sie brauchen überhaupt nicht mehr zu kommen!!«

Peng. Er hatte abgehängt.

Na, wenn schon. Kann mir nur recht sein. Mit einem so ordinären Menschen will ich nichts zu tun haben.

Ich verließ die Telefonzelle. Sie befand sich unterhalb einer Straßentafel. Sie lag in der Helsingforsstraße.

Auch das interessierte mich nicht mehr. Das Schicksal hatte seinen Wahrspruch gefällt. Es war mir nicht bestimmt, für Sulzbaum zu arbeiten.

Aber auch den mir angebotenen Posten bei der Stadtverwaltung werde ich nicht annehmen. Was soll ich bei einer Stadtverwaltung machen, die so läppische Straßennamen aushecht wie... wie... zum Teufel, wie...

Auf Mäusesuche

Es war eine windige, in jeder Hinsicht unfreundliche Nacht, als ich kurz nach zwei Uhr durch ein gedämpftes Raschelgeräusch in unserem Wäscheschrank geweckt wurde. Auch meine Frau, die beste Ehefrau von allen, fuhr aus dem Schlaf empor und lauschte mit angehaltenem Atem in die Dunkelheit.

»Eine Maus«, flüsterte sie. »Wahrscheinlich aus dem Garten. Was sollen wir tun, was sollen wir tun? Um des Himmels willen, was sollen wir tun?«

»Vorläufig nichts«, antwortete ich mit der Sicherheit eines Mannes, der in jeder Situation den nötigen Überblick behält. »Vielleicht verschwindet sie aus freien Stücken.«

Sie verschwand aus freien Stücken nicht. Im Gegenteil. Das fahle Licht des Morgens entdeckte uns die Spuren ihrer subversiven Wühl- und Nagetätigkeit: zwei schwerbeschädigte Tischtücher.

»Das Biest!« rief meine Frau in unbeherrschtem Zorn. »Man muß dieses Biest vertilgen!«

In der folgenden Nacht machten wir uns an die Arbeit. Kaum hörten wir die Maus an der Holzwand des Schrankes nagen – übrigens ein merkwürdiger Geschmack für eine Maus –, als wir das Licht andrehten und zusprangen. In meiner Hand schwang ich den Besen, in den Augen meiner Gattin glomm wilder Haß.

Ich riß die Schranktür auf. Im zweiten Fach rechts unten, hinter den Bettdecken, saß zitternd das kleine graue Geschöpfchen. Es zitterte so sehr, daß auch die langen Barthaare rechts und links mitzitterten. Nur die stecknadelkopfgroßen, pechschwarzen Äuglein waren starr vor Angst.

»Ist es nicht süß«, seufzte die beste Ehefrau von allen und verbarg sich ängstlich hinter meinem Rücken. »Schau doch, wie das arme Ding sich fürchtet. Daß du dich nicht unterstehst, es zu töten! Schaff's in den Garten zurück.«

Gewohnt, den kleinen Wünschen meiner kleinen Frau nachzugeben, streckte ich die Hand aus, um das Mäuschen beim Schwänzchen zu fassen. Das Mäuschen verschwand zwischen den Bettdecken. Und während ich die Bettdecken entfernte, eine nach der andern, verschwand das Mäuschen zwischen den Tischtüchern und dann zwischen den Handtüchern. Und dann zwischen den Servietten. Und als ich den ganzen Wäschekasten geleert hatte, saß das kleine Mäuschen unter der Couch.

»Du dummes Mäuschen du«, sagte ich mit schmeichlerischer Stimme. »Siehst du denn nicht, daß man nur dein Bestes will? Daß man dich nur in den Garten zurückbringen will? Du dumme kleine Maus!« Und ich warf mit aller Kraft den Besen nach ihr.

Nach dem dritten mißglückten Versuch zogen wir die Couch in die Mitte des Zimmers, aber Mäuschen saß da schon längst unterm Büchergestell. Dank der tatkräftigen Hilfe meiner Frau dauerte es nur eine halbe Stunde, bis wir alle Bücher aus den Regalen entfernt hatten. Das niederträchtige Nagetier lohnte unsere Mühe, indem es auf einen Fauteuil sprang und in der Polsterung verschwand. Um diese Zeit ging mein Atem bereits in schweren Stößen.

»Weh dir, wenn du ihr was tust«, warnte mich die beste Ehefrau von allen. »So ein süßes kleines Geschöpf!«

»Schon gut, schon gut«, knirschte ich, während ich das auseinandergefallene Büchergestell wieder zusammenfügte. »Aber wenn ich das Vieh erwische, übergebe ich es einem Laboratorium für Experimente am lebenden Objekt…«

Gegen fünf Uhr früh fielen wir im Zustand völliger geistiger und körperlicher Erschöpfung ins Bett.

Mäuschen nährte sich die ganze Nacht rechtschaffen von den Innereien unseres Fauteuils.

Ein schriller Schrei ließ mich bei Tagesanbruch aus dem Schlaf hochfahren. Meine Frau deutete mit zitterndem Finger auf unsern Fauteuil, in dessen Armlehne ein faustgroßes Loch prangte:

»Das ist zuviel! Hol sofort einen Mäusevertilger!«

Ich rief eines unserer bekanntesten Mäusevertilgungsinstitute an und erzählte die Geschichte der vergangenen Nacht. Der geschäftsführende Zweite Chefingenieur ließ mich wissen, daß seine Gesellschaft keine Einzelfälle übernehme, sondern sich nur mit der Vertilgung größerer Mäusefamilien beschäftige. Da es mir unzweckmäßig erschien, bloß aus diesem Grund mehrere Generationen von Mäusen in unserem Wäscheschrank heranzuzüchten, erstand ich in einem nahegelegenen Metallwarengeschäft eine Mausefalle.

Meine Frau, eine Seele von einem Weib, protestierte zunächst gegen ›das barbarische Werkzeug‹, ließ sich dann aber von mir überzeugen, daß die Mausefalle ein heimisches Fabrikat war und sowieso nicht funktionieren würde. Unter der Wucht dieses Arguments fand sie sich sogar bereit, mir ein kleines Stückchen Käserinde zu überlassen. Wir stellten die Mausefalle in einer dunklen Ecke auf und konnten überhaupt nicht einschlafen. Die Nagegeräusche in meiner Schreibtischlade störten uns zu sehr.

Plötzlich senkte sich vollkommene Stille über unser Schlafgemach. Meine Frau riß die Augen vor Entsetzen weit auf, ich aber sprang mit lautem Triumphgeheul aus dem Bett. Gleich darauf war es kein Triumphgeheul mehr, sondern ein Wehgeheul: die Falle schnappte zu, und meine große Zehe verwandelte sich mit erstaunlicher Schnelle in eine Art Fleischsalat.

Sofort begann meine Frau mir kalte und warme Kompressen aufzulegen, ohne jedoch aus ihrer Erleichterung ein Hehl zu machen. Wie sich zeigte, hatte sie die ganze Zeit um das Leben Klein-Mäuschens gezittert. »Auch eine Maus«, sagte sie wörtlich, »ist ein Geschöpf Gottes und tut schließlich nur, was die Natur sie zu tun heißt.«

Dann trat sie vorsichtig an die Mausefalle heran und machte die Stahlfedern unschädlich.

Was hieß die Natur das Mäuschen tun? Die Natur schickte es zu unseren Reisvorräten, die – wie ich einem morgendlichen Aufschrei meiner Gattin entnahm – vollkommen unbrauchbar geworden waren.

»Trag die Mausefalle zur Reparatur!« heischte meine Gattin.

In der Metallwarenhandlung erfuhr ich, daß keine Ersatzteile für Mausefallen auf Lager wären. Der Geschäftsinhaber empfahl mir, eine neue Mausefalle zu kaufen, die Federn herauszunehmen und sie in die alte Mausefalle einzusetzen. Ich folgte seinem Rat, stellte das wieder instandgesetzte Mordinstrument in die Zimmerecke und markierte – ähnlich wie Hänsel und Gretel im finstern Wald – den Weg vom Kasten zur Falle mit kleinen Stückchen von Käse und Schinken aus Plastik.

Es wurde eine aufregende Nacht. Mäuschen hatte sich im Schreibtisch häuslich eingerichtet und verzehrte meine wichtigsten Manuskripte. Wenn es ab und zu eine kleine Erholungspause einlegte, hörten wir in der angespannten Stille unsere Herzen klopfen. Endlich konnte meine Frau nicht länger an sich halten:
»Wenn das arme kleine Ding in deiner Mörderfalle zugrunde geht, ist es aus zwischen uns«, schluchzte sie. »Was du da tust, ist grausam und unmenschlich.« Sie klang wie die langjährige Präsidentin des Tierschutzvereins von Askalon. »Es müßte ein Gesetz gegen Mausefallen geben. Und die süßen langen Schnurrbarthaare, die das Tierchen hat...«
»Aber es läßt uns nicht schlafen«, wandte ich ein. »Es frißt unsere Wäsche auf und meine Manuskripte.«
Meine Frau schien mich überhaupt nicht gehört zu haben:
»Vielleicht ist es ein Weibchen«, murmelte sie. »Vielleicht bekommt sie Junge...«
Das ständige Knabbern, das munter aus meiner Schreibtischlade kam, ließ nicht auf eine bevorstehende Geburt schließen.
Um es kurz zu machen: als der Morgen dämmerte, schliefen wir endlich ein, und als wir am Vormittag erwachten, herrschte vollkommene Stille. In der Zimmerecke aber, dort, wo die Mausefalle stand... dort sahen wir... im Drahtgestell... etwas Kleines... etwas Graues...
»Mörder!«
Das war alles, was meine Frau mir zu sagen

hatte. Seither haben wir kein Wort mehr miteinander gesprochen. Und was noch schlimmer ist: wir können ohne das vertraute Knabbergeräusch nicht schlafen. Bekannten gegenüber ließ meine Frau durchblicken, dies sei die gerechte Strafe für meine Bestialität.

Gesucht: eine Maus.

Hitze

Die ungemein glückliche geographische Lage unseres Landes bewirkt eine enge Zusammenarbeit zwischen der Feuchtigkeit des Meeres und der sengenden Hitze der Wüste. Diese beiden Faktoren treffen einander jeden Donnerstag vor dem Haus des Autors.

»Weib«, sagte ich, »vor zehn Minuten ist mir der Kugelschreiber hinuntergefallen.« Die beste Ehefrau von allen lag auf der Couch und blinzelte mühsam unter ihren von Eiswürfeln überlagerten Augenbrauen hervor.

»Heb ihn auf«, murmelte sie. »Den Kugelschreiber.«

»Unmöglich. Zu heiß.«

Ich weiß nicht, auf welchem Breitengrad unsere Wohnung liegt. Es kann nicht sehr weit vom Äquator sein. Im Schlafzimmer haben wir 42 Grad gemessen, an der Nordwand unserer schattigen Küche 48 Grad. Um Mitternacht.

Seit den frühen Morgenstunden liege ich da, bäuchlings, die Gliedmaßen von mir gestreckt, wie ein verendendes Tier. Nur daß verendende Tiere kein weißes Schreibpapier vor sich haben, auf das sie etwas schreiben und mit ihrem Namen zeichnen sollen. Ich, leider, soll. Aber wie soll ich? Um den Kugelschreiber aufzuheben, müßte ich mich hinunterbeugen, in einem Winkel von 45° (45 Grad!), und dann würde der auf meinem Hinterkopf ruhende Eisbeutel zu Boden fallen, und das wäre das Ende.

Vorsichtig bewegte ich mein linkes Bein, in einem

lendenlahmen Versuch, des Kugelschreibers mit meinen Zehen habhaft zu werden. Umsonst.

Meine Verzweiflung wuchs. Das war heute schon der fünfte Tag, an dem ich das weiße Schreibpapier vor mir anstarrte, und ich hatte noch nichts zustande gebracht als den einen Satz: »Um Himmels willen, diese Hitze!«

Tatsächlich, eine solche Hitze hat es nie zuvor gegeben. Nie. An einem bestimmten Tag des Jahres 1936 war es fast so heiß wie heute, aber nicht so feucht. Andererseits wurde im Jahre 1947 eine fast ebenso große Feuchtigkeit verzeichnet, aber dafür war die Hitze wesentlich geringer. Nur ein einziges Mal, 1955, war es genauso heiß und genauso feucht. Allerdings in Afrika.

Afrika. Was für ein sonderbares Wort. Meine Zunge versuchte es nachzuformen, erwies sich aber als zu schwer für diese Arbeit. Af-ri-ka. Was soll das? A-f-r-i-k-a.

»Weib, was ist Afrika?«

»Afrika«, flüsterte sie. »Arfika...«

Jawohl, sie hat ›Arfika‹ gesagt, es war ganz deutlich. Vielleicht ist es sogar richtig. Arfika. Warum nicht? Mir kann's gleichgültig sein. Mir ist alles gleichgültig. Schon seit Tagen. Schon seit Beginn dieser noch nicht dagewesenen Hitzewelle sitze oder liege ich, genauer: bleibe ich sitzen oder liegen, wo ich gerade hinsinke, und habe keinen andern Wunsch, als mich nicht zu bewegen. Wenn ich in dieser ganzen Zeit öfter als dreimal gezwinkert habe, war's viel. In meinem Kopf regt sich das absolute Nichts, sofern ein absolutes Nichts sich regen kann. Ich meinerseits kann das nicht. Aber ich wollte doch etwas sagen. Richtig: Diese Hitze. Um Himmels willen, diese Hitze...

Das Telefon läutet. Ein wahres Wunder, daß das Ding noch funktioniert. Mühsam strecke ich meine Hand aus und ergreife den Hörer.

»Hallo«, sagt eine heisere Stimme, die ich als die Stimme unseres Wohnungsnachbarn Felix Seelig erkenne. »Ich bin auf dem Dizengoff-Boulevard. Es ist entsetzlich. Kann ich mit meiner Frau sprechen?«

»Sicherlich. Du brauchst nur deine eigene Nummer zu wählen.«

»Daran habe ich gar nicht gedacht. Danke…«

Ich höre noch das dumpfe Geräusch eines fallenden Körpers, dann ist es still. Um so besser. Das lange Gespräch hat mich ermüdet.

Mit einer Handbewegung deute ich meiner Ehegattin an, daß Felix Seelig allem Anschein nach tot sei. »Erna verständigen«, haucht sie. Im Sommer neigen wir mehr zu kurzen Sätzen. Und zur Lektüre von Krimis. Da überläuft uns doch wenigstens ab und zu ein kalter Schauer.

Was wollten wir? Ach ja. Wir wollten die Witwe Seelig benachrichtigen, daß ihr Mann bei der Verteidigung des Dizengoff-Boulevards gegen die Hitze gefallen war.

Die Witwe Seelig wohnt zwei Wände weit entfernt. Wie soll man sie erreichen?

Mit einer übermenschlichen Anstrengung erhebe ich mich und ziehe meinen gepeinigten Körper hinter mir her, bis ich die Tür unserer Wohnung erreicht habe. Durch diese Tür verlasse ich unsere Wohnung. Die Tür fällt hinter mir ins Schloß.

Erschöpft lehne ich mich ans Treppengeländer, um mit heraushängender Zunge ein wenig Luft zu schnappen, falls es eine solche gibt. Aber es gibt keine.

Es gibt nur Hitze. Großer Gott, was für eine Hitze.

Sie dörrt einem das Hirn aus, falls man ein solches hat. Aber man hat keines. Man weiß nicht einmal, warum man hier am Treppengeländer lehnt.

Wirklich: Was suche ich hier? Warum habe ich meine Wohnung verlassen? Ich möchte in meine Wohnung zurück.

Geht nicht. Die Tür ist zu. Was nun. Ein Mann steht vor seiner eigenen Wohnung, in der sich seine eigene Frau befindet, und kann nicht hinein. Was tut man da?

Es ist heiß. Es wird immer heißer.

Ich werde die Stiegen hinuntergehen und jemanden bitten, meine Frau zu verständigen, daß ich draußen stehe. Ich könnte ihr auch telegrafieren. Ja, das ist die Lösung: ein Telegramm.

Aber wie komme ich aufs Postamt? Und natürlich ist niemand in der Nähe, den man fragen könnte.

Ein Autobus erscheint. Ich steige ein. Hinter mir die Hitze.

»Was?« fragt mit fieberglänzenden Augen der Fahrer.

In der Tasche meines Pyjamas entdecke ich eine Pfundnote und drücke sie ihm wortlos in die Hand. Dann wende ich mich an den mir Zunächststehenden:

»Entschuldigen Sie – wohin fährt dieser Bus?«

Der Mann kehrt mir langsam sein Gesicht zu, und ich werde den Ausdruck dieses Gesichts nie vergessen:

»Wohin fährt was?«

»Der Bus.«

»Welcher Bus?«

Damit stolpert er zur Ausgangstür und hinaus in den Schatten. Das war sehr vernünftig. Auch ich stieg aus.

»Heda, Sie!« hörte ich hinter mir die Stimme des Fahrers. »Sie bekommen noch auf Ihre zehn Pfund heraus!«

Ich drehte mich nicht einmal um. Widerwärtiger Pedant.

An der Straßenecke befiel mich unwiderstehliche Gier nach Eiscreme. Eine große Portion, gemischt, Vanille, Schokolade und Erdbeer. Und diese ganze Portion möchte ich mir auf einmal unters Hemd schütten, rückwärts durch den Kragen. Worauf warte ich noch?

Richtig. Die Wohnungstür ist ins Schloß gefallen.

Von fern her dämmert ein ungeheuerlicher Gedanke auf mich zu: Ich hätte an der Wohnungstür läuten können. Die beste Ehefrau von allen hätte sich dann möglicherweise gesagt, daß jemand hereinmöchte, und hätte geöffnet. Warum ist mir das nicht früher eingefallen?

Weil ich aufs Postamt gehen wollte, deshalb.

»Haben Sie zufällig hier in der Gegend ein Postamt gesehen?« frage ich einen Polizisten, der sich unter der Markise einer Küchen- und Heizwarenhandlung versteckt hält.

Der Polizist nestelt ein Büchlein aus seiner schweißverklebten Brusttasche und blättert lange hin und her, ehe er mir Auskunft gibt:

»Das Überschreiten der Straßen ist nur innerhalb der weißen Markierungen gestattet. Gehen Sie nach Hause.«

Seine roten Augen brennen wie langsam verlöschende Kohlen, und seine Stimme klingt sonderbar dumpf und gurgelnd. Ich habe in der letzten Zeit wiederholt feststellen müssen, daß auch ich gelegentlich solche Grunzlaute von mir gebe, besonders wenn ich zu Hause bin und besonders wenn ich nicht zu Hause bin. Es könnte an der Hitze liegen.

Aber das ändert nichts daran, daß ich jetzt nach Hause gehen muß. Anordnung des Polizisten. Der Staatsgewalt darf man sich nicht widersetzen. Schon gar nicht bei dieser Hitze. Und es wird immer noch heißer. Rasch nach Hause.

Wo wohne ich? Wo? Das ist das wahre Problem, das jetzt gelöst werden muß.

Wir werden es lösen. Nur keine Aufregung. Nur nicht nervös werden. Ruhe. Die Gedankenarbeit nimmt ihre Tätigkeit auf, und alles wird wundersam klar.

Ich wohne in einem dreistöckigen Haus, dessen Fenster nach außen gehen. Muß irgendwo hier in der

Nähe sein. Eines von diesen Häusern, die alle gleich aussehen. Haustor, Stockwerke, Fernsehantenne auf dem Dach. Besondere Kennzeichen: Der Inhaber dieses Reisepasses hat bei der letzten Hitzewelle Verbrennungen dritten Grades über dem zweiten Stock erlitten. Wo wohne ich? Wo?!

Ruhig nachdenken. Nur die Ruhe kann es machen. Und die sonnendurchglühte Telefonzelle dort an der Ecke. Ganz einfach. Ein klein wenig gedankliche Konzentration genügt. Im Telefonbuch nachschauen. Hoffentlich ist die Seite mit meinem Namen noch nicht versengt.

Mit welchem Namen? Wie heiße ich? Vor ein paar Minuten habe ich es noch gewußt. Der Name liegt mir auf der Zunge. Aber ich habe ihn vergessen. Ich weiß nur noch, daß er mit einem S beginnt. S wie Sonne.

Es wird immer heißer. Und es fällt mir immer schwerer, meinen Körper aufrecht zu halten, in der für Menschen vorgeschriebenen Vertikale. Zum erstenmal im Leben sehe ich den Sharav, unser unvergleichliches heimisches Hitze-Erzeugnis, plastisch vor mir: ein purpurfarbenes Gebilde aus kleinen und großen Kreisen, die ineinander und gegeneinander rotieren, dazwischen dann und wann Diagonalen, Zickzacklinien und ein doppelter Whisky mit Eiswürfeln.

Aus der Richtung vom Dizengoff-Boulevard nähert sich eine Gestalt, die ich mit großer Mühe als menschliche Gestalt erkenne und mit noch größerer als Felix Seelig. Er lebt also noch, der arme Hund. Auf allen vieren kommt er herangekrochen, ein dünnes Bächlein Schweiß zeichnet seine Spur. Jetzt hat er mich erreicht. Er glotzt mich aus hervorquellenden Augen an, er fletscht die Zähne, er knurrt:

»Grrr.«

»Grrr«, knurre ich zurück und bin auch schon an seiner Seite, auf allen vieren. Wir brauchen unsere Rücken nur ganz kurz aneinanderzureiben, um volles Einverständnis darüber zu schaffen, daß wir jetzt gemeinsam weitertrotten werden, grunzend den Sümpfen zu.

»Rhinozeros! Rhinozeros!« klingt's durch verschlossene Fensterläden hinter uns her. Was tut's. Jeder sein eigener Ionesco. Rhinozeros hin, Rhinozeros her... Rhcrrr... crrr... grrr... es ist heiß... es wird immer heißer... es war noch nie so heiß...

Ein Vater wird geboren

Gegen Morgen jenes schicksalschweren Tages setzte sich meine Frau im Bett auf, starrte eine Weile in die Luft, packte mich an der Schulter und sagte:

»Es geht los. Hol ein Taxi.«

Ruhig, ohne Hast, kleideten wir uns an. Dann und wann raunte ich ihr ein paar beruhigende Worte zu, aber das war eigentlich überflüssig. Wir beide sind hochentwickelte Persönlichkeiten von scharf ausgeprägter Intelligenz, und uns beiden ist klar, daß es sich bei der Geburt eines Kindes um einen ganz normalen biologischen Vorgang handelt, der sich seit Urzeiten immer wieder milliardenfach wiederholt und schon deshalb keinen Anspruch hat, als etwas Besonderes gewertet zu werden.

Während wir uns gemächlich zum Aufbruch anschickten, fielen mir allerlei alte Witze oder Witz-Zeichnungen ein, die sich über den Typ des werdenden Vaters auf billigste Weise lustig machen und ihn als kettenrauchendes, vor Nervosität halb wahnsinniges Wrack im Wartezimmer der Gebärklinik darzustellen lieben. Nun ja. Wir wollen diesen Scherzbolden das Vergnügen lassen. Im wirklichen Leben geht es anders zu.

»Möchtest du nicht ein paar Illustrierte mitnehmen, Liebling?« fragte ich. »Du sollst dich nicht langweilen.«

Wir legten die Zeitschriften zuoberst in den kleinen Koffer, in dem sich auch etwas Schokolade und, natürlich, die Strickarbeit befand. Das Taxi fuhr vor. Nach bequemer Fahrt erreichten wir die Klinik. Der Portier notierte die Daten meiner Frau und führte sie zum Aufzug. Als ich ihr folgen wollte, zog er die Gittertür dicht vor meinem Gesicht zu.

»Sie bleiben hier, Herr. Oben stören Sie nur.«

Gewiß, er hätte sich etwas höflicher ausdrücken können. Trotzdem muß ich zugeben, daß er nicht ganz unrecht hatte. Wenn die Dinge einmal so weit sind, kann der Vater sich nicht mehr nützlich machen, das ist offenkundig. In diesem Sinne äußerte sich auch meine Frau:

»Geh ruhig nach Haus«, sagte sie, »und mach deine Arbeit wie immer. Wenn du Lust hast, geh am Nachmittag ins Kino. Warum auch nicht.«

Wir tauschten einen Händedruck, und ich entfernte mich federnden Schrittes. Mancher Leser wird mich jetzt für kühl oder teilnahmslos halten, aber das ist nun einmal meine Wesensart: nüchtern, ruhig, vernünftig – kurzum: ein Mann.

Ich sah mich noch einmal in der Halle der Klinik um. Auf einer niedrigen Bank in der Nähe der Portiersloge saßen dicht gedrängt ein paar bleiche Gesellen, kettenrauchend, lippennagend, schwitzend. Lächerliche Erscheinungen, diese ›werdenden Väter‹. Als ob ihre Anwesenheit irgendeinen Einfluß auf den vorgezeichneten Gang der Ereignisse hätte!

Manchmal geschah es, daß eine vor Aufregung zitternde Gestalt von draußen auf die Portiersloge zustürzte und atemlos hervorstieß:

»Schon da?«

Dann ließ der Portier seinen schläfrigen Blick über die vor ihm liegenden Namenslisten wandern, stocherte in seinen Zähnen, gähnte und sagte gleichgültig:

»Mädchen.«

»Gewicht?«

»Zweifünfundneunzig.«

Daraufhin sprang der neugebackene Vater auf meinen Schoß und wisperte mir mit heißer, irrsinniger Stimme immer wieder »zweifünfundneunzig, zweifünfundneunzig« ins Ohr, der lächerliche Tropf. Wen interessiert schon das Lebendgewicht seines Wechselbalgs? Kann meinetwegen auch zehn Kilo wiegen. Wie komisch wirkt doch ein erwachsener Mann, der die Kontrolle über sich verloren hat. Nein, nicht komisch. Mitleiderregend.

Ich beschloß, nach Hause zurückzukehren und mich meiner Arbeit zu widmen. Auch waren mir bereits die Zigaretten ausgegangen. Dann fiel mir ein, daß ich vielleicht doch besser noch ein paar Worte mit dem Arzt sprechen sollte. Vielleicht brauchte er irgend etwas. Eine Aufklärung, einen Ratschlag. Natürlich war das nur eine Formalität, aber auch Formalitäten wollen erledigt sein.

Ich durchquerte den Vorraum und versuchte den Aufgang zur Klinik zu passieren. Der Portier hielt mich zurück. Auch als ich ihn informierte, daß mein Fall ein besonderer Fall sei, zeigte er sich in keiner Weise beeindruckt. Zum Glück kam in diesem Augenblick der Arzt die Stiegen herunter. Ich stellte mich vor und fragte ihn, ob ich ihm irgendwie behilflich sein könnte.

»Kommen Sie um fünf Uhr nachmittag wieder«, lautete seine Antwort. »Bis dahin würden Sie hier nur Ihre Zeit vergeuden.«

Nach diesem kurzen, aber aufschlußreichen Gedankenaustausch machte ich mich beruhigend auf den Heimweg. Ich setzte mich an den Schreibtisch, merkte aber bald, daß es heute mit der Arbeit nicht so recht klappen würde. Das war mir nie zuvor geschehen, und ich begann intensive Nachforschungen anzustellen, woran das denn wohl läge. Zuwenig

Schlaf? Das Wetter? Oder störte mich die Abwesenheit meiner Frau? Ich wollte diese Möglichkeit nicht restlos ausschließen. Auch wäre die kühle Distanz, aus der ich die Ereignisse des Lebens sonst zu betrachten pflege, diesmal nicht ganz am Platze gewesen. Das Ereignis, das mir jetzt bevorstand, begibt sich ja schließlich nicht jeden Tag, auch wenn der Junge vermutlich ein Kind wie alle anderen sein wird, gesund, lebhaft, aber nichts Außergewöhnliches. Er wird seine Studien erfolgreich hinter sich bringen und dann die Diplomatenlaufbahn ergreifen. Schon aus diesem Grund sollte er einen Namen bekommen, der einerseits hebräisch ist und anderseits auch Nichtjuden leicht von der Zunge geht. Etwa Raphael. Nach dem großen niederländischen Maler. Am Ende wird der Schlingel noch Außenminister und dann können sie in den Vereinten Nationen nicht einmal seinen Namen aussprechen. Man muß immer an die höheren Staatsinteressen denken. Übrigens soll er nicht allzu früh heiraten. Er soll Sport betreiben und an den Olympischen Spielen teilnehmen, wobei es mir vollkommen gleichgültig ist, ob er das Hürdenlaufen gewinnt oder das Diskuswerfen. In dieser Hinsicht bin ich kein Pedant. Und natürlich muß er alle Weltsprachen beherrschen. Und in der Aerodynamik Bescheid wissen. Wenn er sich allerdings mehr für Kernphysik interessiert, dann soll er eben Kernphysik studieren.

Und wenn es ein Mädchen wird?

Eigentlich könnte ich jetzt in der Klinik anrufen.

Gelassen, mit ruhiger Hand, hob ich den Hörer ab und wählte.

»Nichts Neues«, sagte der Portier. »Wer spricht?«

Ein sonderbar heiserer Unterton in seiner Stimme ließ mich aufhorchen. Ich hatte den Eindruck, als ob er mir etwas verheimlichen wollte. Aber die Verbindung war bereits unterbrochen.

Ein wenig nervös durchblätterte ich die Zeitung.

»Geburt einer doppelköpfigen Ziege in Peru.«

Was diese Idioten erfinden, um ihr erbärmliches Blättchen zu füllen! Man müßte alle Journalisten vertilgen.

Im Augenblick habe ich freilich Dringenderes zu tun. Zum Beispiel darf ich meinen Kontakt mit dem Arzt nicht gänzlich einschlafen lassen. Ich sprang in ein Taxi, fuhr zur Klinik und hatte das Glück, unauffälligen Anschluß an eine größere Gesellschaft zu finden, die sich gerade zu einer Beschneidungsfeier versammelte.

»Schon wieder Sie?« bellte der Doktor, als ich ihn endlich gefunden hatte. »Was machen Sie hier?«

»Ich bin zufällig vorbeigekommen und dachte, daß ich mich vielleicht erkundigen könnte, ob es etwas Neues gibt. Gibt es etwas Neues?«

»Ich sagte Ihnen doch, daß Sie erst um fünf Uhr kommen sollen! Oder noch besser: kommen Sie gar nicht. Wir verständigen Sie telefonisch.«

»Ganz wie Sie wünschen, Herr Doktor. Ich dachte nur...«

Er hatte recht. Dieses ewige Hin und Her war vollkommen sinnlos und eines normalen Menschen unwürdig. Ich wollte mich nicht auf die gleiche Stufe stellen wie diese kläglichen Gestalten, die sich immer noch bleich und zitternd auf der Bank vor der Portiersloge herumdrückten.

Aus purer Neugier nahm ich unter ihnen Platz, um ihr Verhalten vom Blickpunkt des Psychologen aus zu analysieren. Mein Sitznachbar erzählte mir unaufgefordert, daß er der Geburt seines dritten Kindes entgegensähe. Zwei hatte er schon, einen Knaben

(3,15 kg) und ein Mädchen (2,70). Andere Bankbenützer ließen Fotografien herumgehen. Aus Verlegenheit, und wohl auch um den völlig haltlosen Schwächlingen einen kleinen Streich zu spielen, zog ich ein Röntgenbild meiner Frau aus dem achten Monat hervor.

»Süß«, ließen sich einige Stimmen vernehmen. »Wirklich herzig.«

Während ich ein neues Päckchen Zigaretten kaufte, beschlich mich das dumpfe Gefühl, etwas Wichtiges vergessen zu haben. Ich fragte den Portier, ob es etwas Neues gäbe. Der ungezogene Lümmel machte sich nicht einmal die Mühe einer artikulierten Auskunft. Er schüttelte nur den Kopf. Eigentlich schüttelte er ihn nicht einmal, sondern drehte ihn gelangweilt in eine andere Richtung.

Nach zwei Stunden begab ich mich in das Blumengeschäft auf der gegenüberliegenden Straßenseite, rief von dort aus den Arzt an und erfuhr von einer weiblichen Stimme, daß ich erst am Morgen wieder anrufen sollte. Es war, wie sich auf Befragen erwies, die Telefonistin. So springt man hierzulande mit angesehenen Bürgern um, die das Verbrechen begangen haben, sich um die nächste Generation zu sorgen.

Dann also ins Kino. Der Film handelte von einem jungen Mann, der seinen Vater haßt. Was geht mich dieser Bockmist aus Hollywood an. Außerdem wird es ein Mädchen. Im Unterbewußtsein hatte ich mich längst darauf eingestellt. Ich könnte sogar sagen, daß ich es schon längst gewußt habe. Ich hätte nichts dagegen einzuwenden, daß sie Archäologin wird, wenn sie nur keinen Piloten heiratet. Nichts da. Unter gar keinen Umständen akzeptiere ich einen Piloten als Schwiegersohn. Um Himmels willen – über kurz oder lang bin ich Großpapa. Wie die Zeit vergeht.

Aber warum ist es hier so dunkel? Wo bin ich? Ach ja, im Kino. Zu dumm.

Ich tastete mich hinaus. Die kühle Luft erfrischte mich ein wenig. Nicht sehr, nur ein wenig. Und was jetzt?

Vielleicht sollte ich in der Klinik nachfragen.

Ich erstand zwei große Sträuße billiger Blumen, weil man als Botenjunge eines Blumengeschäftes in jede Klinik Zutritt hat, warf dem Portier ein tonlos geschäftiges »Zimmer 24« hin und bewerkstelligte unter dem Schutz der Dunkelheit meinen Eintritt.

Um den Mund des Arztes wurden leichte Anzeichen von Schaumbildung merkbar.

»Was wollen Sie mit den Blumen, Herr? Stellen Sie sie aufs Eis, Herr! Und wenn Sie nicht verschwinden, lasse ich Sie hinauswerfen!«

Ich versuchte ihm zu erklären, daß es sich bei den Blumen lediglich um eine List gehandelt hätte, die mir den Eintritt in die Klinik ermöglichen sollte.

Natürlich, so fügte ich hinzu, wüßte ich ganz genau, daß noch nichts los war, aber ich dachte, daß vielleicht doch etwas los sein könnte.

Der Doktor sagte etwas offenbar Unfreundliches auf russisch und ließ mich stehen.

Auf der Straße draußen fiel mir plötzlich ein, was ich vorhin vergessen hatte: ich hatte seit vierundzwanzig Stunden keine Nahrung zu mir genommen. Rasch nach Hause zu einem kleinen Imbiß. Aber aus irgendwelchen Gründen blieb mir das Essen in der Kehle stecken, und ich mußte mit einigen Gläsern Brandy nachhelfen. Dann schlüpfte ich in den Pyjama und legte mich ins Bett.

Wenn ich nur wüßte, warum sich die Geburt dieses Kindes so lange verzögert.

Wenn ich es wüßte? Ich weiß es. Es werden Zwillinge. Das ist so gut wie sicher. Zwillinge. Auch recht. Da bekommt man alles, was sie brauchen, zu Engrospreisen. Ich werde ihnen eine praktische Erziehung angedeihen lassen. Sie sollen in die Textilbranche gehen und niemals Mangel leiden. Nur dieses entsetzliche Summen in meinem Hinterkopf müßte endlich aufhören. Und das Zimmer dürfte sich nicht länger drehen. Ein finsteres Zimmer, das sich trotzdem dreht, ist etwas sehr Unangenehmes.

Der Portier gibt vor, noch nichts zu wissen. Möge er eines qualvollen Todes sterben, der Schwerverbrecher. Sofort nach der Geburt meiner Tochter rechne ich mit ihm ab. Er wird sich wundern.

Rätselhafterweise sind mir schon wieder die Zigaretten ausgegangen. Wo bekommt man so spät in der Nacht noch Zigaretten? Wahrscheinlich nur in der Klinik.

Ich sauste zur Autobus-Haltestelle, wurde aber von einem Hausbewohner eingeholt, der mich aufmerksam machte, daß ich keine Hosen anhatte.

»Wie überaus dumm und kindisch von mir!« lachte ich, sauste zurück, um mir die Hosen anzuziehen, und konnte trotzdem nicht aufhören, immer weiter zu lachen. Erst in der Nähe der Klinik erinnerte ich mich an Gott. Im allgemeinen bete ich nicht, aber jetzt kam es mir wie selbstverständlich von den Lippen:

»Herr im Himmel, bitte hilf mir nur dieses eine Mal, laß das Mädchen einen Buben sein und wenn möglich einen normalen, nicht um meinetwillen, sondern aus nationalen Gründen, wir brauchen junge, gesunde Pioniere...«

Nächtliche Passanten gaben mir zu bedenken, daß ich mir eine Erkältung zuziehen würde, wenn ich so lange auf dem nassen Straßenpflaster kniete.

Der Portier machte bei meinem Anblick schon von weitem die arrogante Gebärde des halben Kopfschüttelns.

Mit gewaltigem Anlauf warf ich mich gegen das Gittertor, das krachend aufsprang, rollte auf die Milchglastür zu, kam hoch, hörte das Monstrum hinter mir brüllen… brüll du nur, du Schandfleck des Jahrhunderts… wer mich jetzt aufzuhalten versucht, ist selbst an seinem Untergang schuld…

»Doktor! Doktor!« Meine Stimme hallte schaurig durch die nachtdunklen Korridore. Und da kam auch schon der Arzt herangerast.

»Wenn ich Sie noch einmal hier sehe, lasse ich Sie von der Feuerwehr retten! Sie sollten sich schämen! Nehmen Sie ein Beruhigungsmittel, wenn Sie hysterisch sind!«

Hysterisch? Ich hysterisch? Der Kerl soll seinem guten Stern danken, daß ich mein Taschenmesser kurz nach der Bar-Mizwah verloren habe, sonst würde ich ihm jetzt die Kehle aufschlitzen. Und so etwas nennt sich Arzt. Ein Wegelagerer in weißem Kittel. Ein getarnter Mörder, nichts anderes. Ich werde an Ben Gurion einen Brief schreiben, den sich die Regierung nicht hinter den Spiegel stecken wird. Und von dieser Bank bei der Portiersloge weiche ich keinen Zoll, ehe man mir nicht mein Kind ausliefert. Hat jemand von den Herren vielleicht eine Zigarette? Beim Portier kann ich keine mehr kaufen, er verfällt in nervöse Zuckungen, wenn er mich nur sieht. Na wenn schon. Natürlich bin ich aufgeregt. Wer wäre das in meiner Lage nicht. Schließlich ist heute der Geburtstag meines Sohnes. Auch wenn die Halle sich noch so rasend dreht und das Summen in meinem Hinterkopf nicht und nicht aufhören will…

Es geht auf Mitternacht, und noch immer nichts. Wie glücklich ist doch meine Frau, daß ihr diese Aufregung erspart bleibt. Guter Gott – und jetzt haben sie womöglich entdeckt, daß sie gar nicht schwanger ist, sondern nur einen aufgeblähten Magen hat vom vielen Popcorn. Diese Schwindler. Nein, Raphael wird nicht die Diplomatenlaufbahn ergreifen. Das Mädel soll Kindergärtnerin werden. Oder ich schicke die beiden in einen Kibbuz. Mein Sohn wird für meine Sünden büßen, ich sehe es kommen. Ich würde ja selbst in einen Kibbuz gehen, um das zu verhindern, aber ich habe keine Zigaretten mehr. Bitte um eine Zigarette, meine Herren, eine letzte Zigarette. Ich müßte meiner Frau den kostbarsten Schmuck kaufen, oder einen Nerz, aber es hat keinen Sinn mehr. Es ist vorüber. Etwas Fürchterliches ist geschehen. Ich spüre es. Mein Instinkt hat mich noch nie betrogen. Das Ende ist da...

Auf allen vieren schleppte ich mich zur Portiersloge. Ich brachte kein Wort hervor. Ich sah meinen Feind aus flehentlich aufgerissenen Augen an.

»Ja«, sagte er. »Ein Junge.«

»Was?« sagte ich. »Wo?«

»Ein Junge«, sagte er. »Dreieinhalb Kilo.«

»Wieso«, sagte ich. »Wozu.«

»Hören Sie«, sagte er. »Heißen Sie Ephraim Kishon?«

»Einen Augenblick«, sagte ich. »Ich weiß es nicht genau. Möglich.«

Ich zog meinen Personalausweis heraus und sah nach. Tatsächlich: es sprach alles dafür, daß ich Ephraim Kishon hieß.

»Bitte?« sagte ich. »Was kann ich für Sie tun, gnädige Frau?«

»Sie haben einen Sohn!« röhrte der Portier. »Dreieinhalb Kilo! Einen Sohn! Verstehen Sie? Einen Sohn von dreieinhalb Kilo...«

Ich schlang meine Arme um ihn und versuchte sein überirdisch schönes Antlitz zu küssen. Der Kampf dauerte eine Weile und endete unentschieden. Dann entrang sich meiner Kehle ein fistelndes Stöhnen. Ich stürzte hinaus.

Natürlich kein Mensch auf der Straße. Gerade jetzt, wo man jemanden brauchen würde, ist niemand da.

Wer hätte gedacht, daß ein Mann meines Alters noch Purzelbäume schlagen kann.

Ein Polizist erschien und warnte mich vor einer Fortsetzung der nächtlichen Ruhestörung. Rasch umarmte ich ihn und küßte ihn auf beide Backen.

»Dreieinhalb Kilo«, brüllte ich ihm ins Ohr. »Dreieinhalb Kilo!«

»Maseltow!« rief der Polizist. »Gratuliere!«

Und er zeigte mir ein Foto seiner kleinen Tochter.

Wie man Freunde gewinnt

Eines Abends klingelte es an unserer Tür. Sofort sprang die beste Ehefrau von allen auf, eilte quer durchs Zimmer und auf mich zu und sagte: »Geh aufmachen.«

Vor der Tür standen die Großmanns. Dov und Lucy Großmann, ein nettes Ehepaar mittleren Alters und in Pantoffeln. Da wir einander noch nie direkt begegnet waren, stellten sie sich vor und entschuldigten sich für die Störung zu so später Stunde.

»Wir sind ja Nachbarn«, sagten sie. »Dürfen wir für einen Augenblick eintreten?«

»Bitte sehr.«

Mit erstaunlicher Zielsicherheit steuerten die Großmanns in den Salon, umkreisten den Flügel und hielten vor dem Teewagen inne.

»Siehst du?« wandte sich Lucy triumphierend an ihren Gatten. »Es ist *keine* Nähmaschine.«

»Ja, ja, schon gut.« Dovs Gesicht rötete sich vor Ärger. »Du hast gewonnen. Aber vorgestern war ich im Recht. Sie haben keine Encyclopaedia Britannica.«

»Von Britannica war nie die Rede«, korrigierte ihn Lucy. »Ich sagte nichts weiter, als daß sie eine Encyclopädie im Haus haben und überhaupt sehr versnobt sind.«

»Schade, daß wir deine geschätzten Äußerungen nicht auf Tonband aufgenommen haben.«

»Ja, wirklich schade.«

Es blieb mir nicht verborgen, daß sich in dieses Gespräch eine gewisse Feindseligkeit einzuschleichen drohte. Deshalb schlug ich vor, daß wir alle zusammen Platz nehmen und uns aussprechen sollten, wie es sich für erwachsene Menschen geziemt.

Die Großmanns nickten – jeder für sich – zustimmend, Dov entledigte sich seines Regenmantels, und beide setzten sich hin. Dovs Pyjama war graublau gestreift.

»Wir wohnen im Haus gegenüber«, begann Dov und zeigte auf das Haus gegenüber. »Im fünften Stock. Voriges Jahr haben wir eine Reise nach Hongkong gemacht und haben uns dort einen hervorragenden Feldstecher gekauft.«

Ich bestätigte, daß die japanischen Erzeugnisse tatsächlich von höchster Qualität wären.

»Maximale Vergrößerung eins zu zwanzig«, prahlte Lucy und zupfte an ihren Lockenwicklern. »Mit diesem Glas sehen wir jede Kleinigkeit in Ihrer Wohnung. Und Dobby, der sich manchmal gern wie ein störrisches Maultier benimmt, hat gestern steif und fest behauptet, daß der dunkle Gegenstand hinter Ihrem Flügel eine Nähmaschine ist. Er war nicht davon abzubringen, obwohl man auf diesem Gegenstand ganz deutlich eine Blumenvase stehen sah. Seit wann stehen Blumenvasen auf Nähmaschinen? Eben. Aber Dobby wollte das nicht einsehen. Auch heute noch haben wir den ganzen Tag darüber gestritten. Schließlich sagte ich zu Dobby: ›Weißt du was? Wir gehen zu denen hinüber, um nachzuschauen, wer recht hat.‹ Und hier sind wir.«

»Sie haben richtig gehandelt«, lobte ich. »Sonst hätte der Streit ja nie ein Ende genommen. Noch etwas?«

»Nur die Vorhänge«, seufzte Dov.

»Was ist's mit den Vorhängen, und warum seufzen Sie?« fragte ich.

»Weil, wenn Sie die Vorhänge vor Ihrem Schlafzimmer zuziehen, können wir gerade noch Ihre Füße sehen.«

»Das ist allerdings bitter.«

»Nicht daß ich mich beklagen wollte!« lenkte Dov ein. »Sie brauchen auf uns keine Rücksicht zu nehmen. Es ist ja Ihr Haus.«

Die Atmosphäre wurde zusehends herzlicher. Meine Frau servierte Tee und Salzgebäck.

Dov fingerte am Unterteil seiner Armlehne. »Was mich kolossal interessieren würde...«

»Ja? Was?«

»Ob hier noch der Kaugummi pickt. Er war rot, wenn ich mich nicht irre.«

»Blödsinn«, widersprach Lucy. »Er war gelb.«

»Rot!«

Die Feindseligkeiten flammten wieder auf. Können denn zwei zivilisierte Menschen keine fünf Minuten miteinander sprechen, ohne zu streiten? Als ob es auf solche Lappalien ankäme! Zufällig war der Kaugummi grün, ich wußte es ganz genau.

»Einer Ihrer Nachtmahlgäste hat ihn vorige Woche hingeklebt«, erläuterte Dov. »Ein hochgewachsener, gutgekleideter Mann. Während Ihre Frau in die Küche ging, nahm er den Kaugummi aus dem Mund, blickte um sich, ob ihn jemand beobachtete, und dann – wie gesagt.«

»Köstlich«, kicherte meine Frau. »Was Sie alles sehen!«

»Da wir kein Fernsehgerät besitzen, müssen wir uns auf andere Weise Unterhaltung verschaffen. Sie haben doch nichts dagegen?«

»Keine Spur.«

»Aber Sie sollten besser auf den Fensterputzer aufpassen, der einmal in der Woche zu Ihnen kommt. Auf den im grauen Arbeitskittel. Er geht dann immer in Ihr Badezimmer und benützt Ihr Deodorant.«

»Wirklich? Sie können sogar in unser Badezimmer sehen?«

»Nicht sehr gut. Wir sehen höchstens, wer unter der Dusche steht.«

Die nächste Warnung bezog sich auf unsern Babysitter. »Sobald Ihr Kleiner einschläft«, eröffnete uns Lucy, »zieht sich das Mädchen in Ihr Schlafzimmer zurück. Mit ihrem Liebhaber. Einem Studenten. Mit randloser Brille.«

»Wie ist denn die Aussicht ins Schlafzimmer?«

»Nicht schlecht. Nur die Vorhänge stören, das sagte ich Ihnen ja schon. Außerdem mißfällt mir das Blumenmuster.

»Ist wenigstens die Beleuchtung ausreichend?«

»Wenn ich die Wahrheit sagen soll: nein. Manchmal sind überhaupt nur schattenhafte Konturen zu sehen. Fotografieren kann man so etwas nicht.«

»Die Beleuchtungskörper in unserem Schlafzimmer«, entschuldigte ich mich, »sind eigentlich mehr fürs Lesen gedacht. Wir lesen sehr viel im Bett, meine Frau und ich.«

Ich weiß, ich weiß. Aber manchmal kann einen das schon ärgern, glauben Sie mir.«

»Dov!« warf Lucy vorwurfsvoll dazwischen. »Mußt du denn auf die Leute immer gleich losgehen?«

Und wie zum Trost gab sie uns bekannt, was sie am liebsten sah: Wenn meine Frau zum Gutenachtsagen ins Kinderzimmer ging und unser Alljüngstes auf den Popo küßte.

»Es ist eine wirkliche Freude, das mitanzusehen!«

Lucys Stimme klang ganz begeistert. Vorigen Sonntag hatten wir ein kanadisches Ehepaar zu Besuch, beide sind Innenarchitekten, und beide erklärten unabhängig voneinander, daß ihnen ein so rührender Anblick nie untergekommen sei. Sie versprachen, uns ein richtiges Teleskop zu schicken, eins zu vierzig, das neueste Modell. Übrigens hat Dov schon daran gedacht, an Ihrem Schlafzimmer eines dieser japanischen Mikrofone anzubringen, die angeblich bis auf zwei Kilometer Entfernung funktionieren. Aber ich möchte lieber warten, bis wir uns etwas wirklich Erstklassiges leisten können, aus Amerika.«

»Wie recht Sie doch haben. Bei solchen Sachen soll man nicht sparen.«

Dobby stand auf und säuberte seinen Pyjama von den Bröseln der belegten Brötchen, mit denen meine Frau ihn mittlerweile bewirtet hatte.

»Wir freuen uns wirklich, daß wir Sie endlich von Angesicht zu Angesicht kennengelernt haben«, sagte er herzlich. Hierauf versetzte er mir einen scherzhaften Rippenstoß und flüsterte mir zu: »Achten Sie auf Ihr Gewicht, alter Knabe! Man sieht Ihren Bauch bis ins gegenüberliegende Haus.«

»Ich danke Ihnen, daß Sie mich darauf aufmerksam machen«, erwiderte ich ein wenig beschämt.

»Nichts zu danken. Wenn man einem Nachbarn helfen kann, dann soll man es tun, finden Sie nicht auch?«

»Natürlich.«

»Und finden Sie nicht, daß das Blumenmuster auf Ihren Vorhängen...«

»Sie haben vollkommen recht.«

Wir baten die Großmanns, recht bald wiederzukommen. Ein wenig später sahen wir im fünften

Stock des gegenüberliegenden Hauses das Licht angehen. Im Fensterrahmen wurde Dobbys schlanke Gestalt sichtbar. Als er den Feldstecher aus Hongkong ansetzte, winkten wir ihm. Er winkte zurück.

Kein Zweifel: wir hatten neue Freunde gewonnen.

Meine Stunde Null

Wie schreibt man eine lustige Geschichte? Genauer gefragt: warum schreibt man sie? Die Antwort lautet: weil man einen Vertrag hat. Der humoristische Schriftsteller bezieht von einem der sogenannten Massenmedien – Zeitungen, Rundfunk, Fernsehen – ein bestimmtes Gehalt und muß dafür allwöchentlich einen erstklassigen humoristischen Beitrag liefern, spätestens Donnerstag um 9.30 Uhr. Soweit ist alles klar.

Das Problem des Lieferanten besteht nun darin, daß er nicht weiß, worüber er schreiben soll. Er besitzt jedoch ein kleines gelbes Notizbuch, in das er mit Hilfe eines Kugelschreibers die brillanten Ideen einträgt, die ihm – oder einem seiner Bekannten – plötzlich eingefallen sind. Wenn der Zeitpunkt der Ablieferung herannaht, beginnt der Humorist fieberhaft in seinem Notizbuch zu blättern und findet nichts. Deshalb bezeichnet man diesen Zeitpunkt als ›Stunde Null‹.

Was den Humoristen besonders erbittert, sind jene eilig hingekritzelten Einfälle die er nicht mehr versteht. Ich, zum Beispiel, stoße in meinem Ideenfriedhof immer wieder auf rätselhafte Notizen wie: ›Plötzliche Geburt, ungültig‹ oder: ›Verzweifelt. Hohlkopf verfolgt Hund. Schweißperlen.‹ Es ist mir längst entfallen, was diese geheimnisvollen Inschriften bedeuten sollen. Ich habe keine Ahnung, warum und wozu ein Hohlkopf in längst vergangenen Tagen einen Hund verfolgt haben könnte.

Welch ein Beruf!

Nach dem Fiasko mit dem Notizbuch begebe ich

mich auf die Jagd nach neuen, ergiebigen Einfällen. Die Jagd bleibt erfolglos. Mein Kopf ist leer. Er erinnert mich an den Hohlkopf. Was war's mit dem? Ich weiß es nicht. Ich denke vergebens nach.

Kommt noch hinzu, daß mich ein unüberwindliches Schlafbedürfnis befällt, sowie ich mich hinsetze, um eine lustige Geschichte zu schreiben. Vermutlich handelt es sich hier um einen psychosomatisch-literarischen Müdigkeitskomplex oder dergleichen. Es beginnt im Kopf und breitet sich mit Windeseile bis zu den Zehenspitzen aus. Ich habe schon mehrere prominente Psychiater konsultiert. »Die Sache ist die«, so beichte ich ihnen, »daß ich nicht das geringste Bedürfnis verspüre, lustige Geschichten zu schreiben. Und zum Schluß schreibe ich sie trotzdem. Glauben Sie, daß ich krank bin?«

Die Psychiater sind sofort mit einer Erklärung zur Hand. Sie sagen, daß mir meine Mutter in meiner Kindheit einen Witz erzählt hat, den ich nicht verstanden habe, und daraus hat sich bei mir ein traumatischer Widerstand gegen jede Art von Humor entwickelt. Sagen sie. Aber auch das hilft mir nicht weiter.

Der Vorteil solcher Konsultationen besteht darin, daß man bequem auf einer Couch liegt und daß andere Menschen bzw. Mütter an allem schuld sind.

Übrigens veranstalte ich auch die Jagd nach lustigen Themen mit Vorliebe liegend. Das Blut strömt in diesem Zustand leichter und besser ins Hirn, besonders wenn man die Füße ein wenig hebt und den Kopf ein wenig senkt. Man braucht dann nur noch auf die Einfälle zu warten, die mit dem Blut ins Hirn strömen, und binnen kurzem schläft man ein.

Eine andere Lösung bietet der Schaukelstuhl. Man schaukelt sich halb blöd und hört zu denken auf. Sobald dieser Punkt erreicht ist, greife ich nach dem gelben Notizbuch und beginne zu blättern. Als Ergebnis verzeichne ich in den meisten Fällen zwei Drittel Kissinger und ein Drittel Steuerreform.

Was war das für ein Hund? Und warum hat ihn der Hohlkopf verfolgt?

Ich begebe mich zur Hausapotheke und schlucke ein Aspirin. Dann öffne ich das Fenster, damit, wenn schon kein Blut ins Hirn, so doch etwas feuchte, heiße Luft ins Zimmer strömt. Dann spitze ich sorgfältig alle Bleistifte im Haus, wobei ich die Klinge des Bleistiftspitzers zweimal wechsle, um bessere Resultate zu erzielen. Während ich mir mit demonstrativer Langsamkeit die Nägel schneide, entdecke ich im Durcheinander auf meinem Schreibtisch eine kleine Schachtel. Ich öffne sie und zähle die darin befindlichen Büroklammern. Es sind 46. Ich esse ein Biskuit. Ich esse eine saure Gurke. Ich frage mich, was ich sagen wollte. Richtig: ich wollte eine lustige Geschichte schreiben. Aber worüber?

Es dunkelt. Kein Zweifel, daß diese Zeit sich nicht für schöpferische Arbeit eignet. Das ist ja überhaupt die Schwierigkeit mit dem Schreiben lustiger Geschichten: am Morgen ist man noch verschlafen, zu Mittag erfolgt die Nahrungsaufnahme, der Nachmittag eignet sich nicht zum Schreiben, und am Abend ist man müde. In der Nacht schläft man.

Wann soll ich also schreiben? Ich frage: wann?

Mit Riesenschritten naht die Stunde Null. Das leere Papier auf meinem Schreibtisch starrt mir anklägerisch entgegen. Ich muß mich konzentrieren. Ich muß, es geht nicht anders. Aber auch so geht es nicht. Was ist in der letzten Zeit geschehen? Was ist mit der Steuerreform geschehen? Und mit Kissinger? Und wie komme ich auf den Gedanken, daß das lustig sein könnte?

  Auf dem Fensterbrett liegt eine Fliege, lang ausgestreckt, die Füße ein wenig höher, den Kopf ein wenig tiefer. Sie denkt nach. Jetzt spitzt sie ihre Beine, obwohl sie um 9.30 Uhr keine lustige Geschichte abzuliefern hat. Ist es eine männliche oder eine weibliche Fliege? Oder ein Transvestit? Ich unternehme einen diskreten Erkundungsversuch, der zu nichts führt. Sodann beschließe ich, die Fliege zu ermorden. Es ist das erste interessante Ereignis des heutigen Tags. Zu dumm, daß ich schon mindestens ein Dutzend Geschichten über Fliegen geschrieben habe. Aber wenn ich's recht bedenke, habe ich im Verlauf meiner letzten 80 Lebensjahre schon über alles geschrieben, was es gibt.

  Mir fällt ein, daß ich die Topfpflanzen gießen muß. Kein sehr zweckdienlicher Einfall, aber in Zeiten der

Not darf man nicht wählerisch sein. Ich gehe ins Badezimmer, fülle ein Glas Wasser und gieße die Topfpflanzen. Und da ich schon bei der Behandlung von Pflanzen bin, gehe ich in den Garten und entferne drei verwelkte Blätter vom Hibiskusstrauch. Hierauf gehe ich ins Zimmer zurück, setze mich an den Schreibtisch und weiß nicht, was ich schreiben soll.

Leider bin ich Nichtraucher, sonst könnte ich jetzt zuviel rauchen. Nun, es gibt ja immer noch den Kaffee, wenn man sich unbedingt selbst vergiften will. Ich gehe in die Küche, koche einen sehr starken Kaffee und trinke ihn aus, ohne Milch und ohne Zucker. Dann warte ich auf die Ideen, die mit dem Kaffee in mein Hirn strömen müßten. Sie strömen nicht. Statt dessen werde ich nervös und merke, daß meine Hand zu zittern beginnt. Ich hole mir eine Flasche Bier und beruhige mich.

Vielleicht sollte ich etwas Politisches schreiben? Über Kissinger? Als Fliegentöter?

Das Bier macht mich schläfrig. Ich brauche einen Sliwowitz, um wieder lebendig zu werden. Außerdem brauche ich eine Tablette gegen Herzflattern, eine Tasse Kakao und ein Glas Wasser, um die Topfpflanzen zu gießen. Ich will das Fenster öffnen, aber es ist schon offen. Ich höre ein paar alte Schallplatten und rufe ein paar alte Freunde an, um mich zu erkundigen, was es Neues gibt. Es gibt nichts Neues. Ich esse einen Pfirsich, ich esse einen überreifen Camembert, putze die andere Hälfte von meinem Hemd weg, möchte wissen, wie Käse hergestellt wird, schaue in der Enzyklopaedia Judaica nach und finde keinen Käse. Es ist eine Schande.

Nachdem ich noch einen Kaffee, noch einen Kakao und noch ein Bier getrunken habe, rasiere ich mich. Das macht mir den Kopf frei. Einem medizinischen

Fachmann zufolge gibt es funktionelle Ersatzhandlungen fürs Schlafen. Wenn man beispielsweise ein reines, weißes Hemd anzieht, so hat das den gleichen Erfrischungswert, als ob man eine halbe Stunde geschlafen hätte. Eine kalte Dusche ersetzt eine volle Stunde, ein heißes Bad eine weitere, und eine Stunde Schlaf ist so gut wie zwei Stunden. Aber dazu habe ich jetzt keine Zeit.

Ich torkle in das Zimmer der besten Ehefrau von allen und frage sie, ob sie nicht zufällig eine Idee für eine lustige Geschichte hat.

»Warum?« murmelt sie schlaftrunken. »Wieso? Es gibt doch eine Menge von Themen...«

»Welche?« brülle ich. »Welche?!«

»Was weiß ich. Kissinger.« Und sie schläft weiter.

Warum muß ich eigentlich eine lustige Geschichte schreiben? Wo steht es geschrieben, daß ich lustige Geschichten schreiben muß? In meinem Vertrag.

Die Stunde Null steht vor der Tür. Schon gut, schon gut. Ich reiße mich zusammen. Papier... Bleistift... Radiergummi... noch ein Bleistift... jetzt kann nichts mehr passieren. Alles ist vorbereitet. Die schöpferische Arbeit kann beginnen. Disziplin. Konzentration.

Der Hund war noch nicht draußen. Der Hund muß Gassi gehen. Aufatmend nehme ich Franzi an die Leine. Keine Eile, sage ich ihr. Laß dir Zeit, Franzi. Ich denke inzwischen darüber nach, was ›Humor‹ eigentlich bedeutet. Die Wörterbücher behaupten, daß das Wort aus dem Lateinischen kommt und ursprünglich ›Feuchtigkeit‹ bedeutet. Was soll das? Ich zum Beispiel habe einen trockenen Humor. Aber ich habe kein Thema.

Es ist Zeit, einen endgültigen Entschluß zu fassen. Ich entschließe mich deshalb für eine kalte Dusche.

Das Wasser überschwemmt mich mit einer Flut von Einfällen. Leider, und ohne daß ich es beeinflussen könnte, kreisen sie alle um die farbige Figur des internationalen Playboys Gunther Sachs. Wahrscheinlich planscht der gerade an der französischen Riviera herum, in Gesellschaft wunderschöner Mädchen, die Füße ein wenig aufwärts, den Kopf ein wenig gesenkt. Ich hasse Gunther Sachs, reibe mir den Rücken mit einem rauhen Badetuch ab und trinke einen Sliwowitz. Jetzt ist es soweit. Endlich!

Schweißperlen. Wenn ich nur wüßte, was damals mit den Schweißperlen los war.

Die kalte Dusche hat, wie es ja auch ihre Aufgabe ist, mein Schlafbedürfnis gesteigert. Ich kann nicht weiter. Ein Glück, daß das Fernsehen jetzt bald die Nachrichten bringt. Vielleicht ergibt sich da etwas Brauchbares, Kissinger oder so.

Wieder nichts. Ich bin um eine große Hoffnung ärmer. Und vom nachfolgenden Krimi ist noch weniger zu erwarten. Weniger als nichts. Genau das, was ich um 9.30 Uhr nicht abliefern kann.

Ich habe mir einen neuen, diesmal noch stärkeren Kaffee zubereitet, sehe nach, ob die Kinder schlafen, wecke sie auf, schimpfe mit ihnen, weil sie noch wach sind, gehe in mein Arbeitszimmer zurück, um zu arbeiten, erkundige mich bei der telefonischen Zeitansage nach der genauen Zeit, mit dem Summerton wird es null Uhr vierzig Minuten und fünfzehn Sekunden, um 9.30 Uhr muß ich abliefern, mein Kopf ist hohl, ich perle Schweiß, ich schwitze Perlen...

Und so, lieber Leser, entsteht eine lustige Geschichte. Es tut mir leid, Sie enttäuscht zu haben.

Armut bereichert

»Herr Salach Schabati?«

»Der bin ich. Treten Sie ein, Herr, und nehmen Sie Platz. Ja, dort in der Ecke. Auf der zerbrochenen Kiste.«

»Vielen Dank.«

»Wenn Ihnen die Kinder im Weg sind, kann ich sie erwürgen.«

»Das wird nicht nötig sein.«

»Gut, dann sperre ich sie ins Badezimmer. Marsch hinein. So. – Schreiben Sie für eine Tageszeitung oder für eine Zeitschrift?«

»Für eine Tageszeitung.«

»Wochenendbeilage?«

»Ja, Herr Schabati. Ich habe Ihr Inserat in unserem Blatt gelesen: ›Slum-Fam. m. 13 Kind. zur Verfüg. d. Massenmedien.‹ Haben Sie jetzt Zeit für mich?«

»Eine Stunde fünfzehn Minuten. Heute vormittag hatte ich ein Rundfunkinterview, und nach Ihnen kommt ein Fernsehteam, aber jetzt können wir sprechen.«

»Danke, Herr Schabati. Meine erste Frage...«

»Nicht so schnell, nicht so schnell. Was zahlen Sie?«

»Wie bitte?«

»Ich will wissen, wie hoch mein Honorar ist. Oder glauben Sie, daß ich zum Vergnügen in dieser Bruchbude sitze und daß ich mit meiner Familie von der staatlichen Unterstützung leben kann? Von 1930 Pfund im Monat?«

»Das hatte ich nicht bedacht.«

»Aber ich. Die katastrophale Situation der orientalischen Einwanderer hat heute einen ziemlich hohen Marktwert. Daran müssen doch auch diejenigen partizipieren, denen man diese Situation verdankt. Nehmen wir an, Sie schreiben eine schöne Geschichte mit viel Armeleute-Geruch und Mangel an Hygiene und so – das erregt Aufsehen, das ist gut für den Verkauf Ihrer Zeitung und gut für Ihr Honorar. Außerdem verschafft es Ihnen den Ruf eines gesellschaftskritisch engagierten Journalisten. Ich werde Ihnen in jeder Weise behilflich sein, Herr. Sie bekommen von mir eine herzerweichende Schilderung meines Jammers, meiner Enttäuschung, meiner Bitterkeit, meiner ...«

»Wieviel verlangen Sie?«

»Mein üblicher Tarif ist 300 Pfund die Stunde zuzüglich Mehrwertsteuer. Mit Photos um 30 Prozent mehr. Barzahlung. Keine Schecks. Keine Empfangsbestätigung.«

»300 Pfund für eine Stunde?!«

»Davon muß ich ja noch meinen Manager bezahlen. Es ist die Taxe, Herr. Im Jemenitenviertel finden Sie vielleicht schon für 150 Pfund Verzweiflung – aber wie sieht die aus. Höchstens elf Kinder, alle gut genährt, und eine Wohlfahrtsrente von 2680 Pfund monatlich. Bei mir haben Sie eine neunzehnköpfige Familie auf einem Wohnraum von 55 Quadratmetern. Mit drei Großmüttern.«

»Wo ist Ihre Frau?«

»Wird oben auf dem Dach photographiert. Hängt gerade die Wäsche auf unsere Fernsehantenne. Schwanger ist sie auch.«

»Da müßten Sie ja eine Zulage zur staatlichen Unterstützung beziehen.«

»Ich habe auf beides verzichtet. Meine Position auf dem Elendsmarkt könnte darunter leiden. Interviews sind einträglicher. Demnächst übersiedeln wir in eine noch kleinere, baufällige Hütte. Wahrscheinlich nehme ich auch eine Ziege mit hinein. Wo bleibt Ihr Kameramann?«

»Er wird gleich kommen.«

»Was die Aufmachung betrifft: ich möchte ein Layout von zwei Seiten nebeneinander. Titel über beide Seiten.«

»Machen Sie sich keine Sorgen, Herr Schabati. Wir werden alle Ihre Forderungen berücksichtigen.«

»Gut. Jetzt können Sie anfangen, Herr.«

»Meine erste Frage: Fühlen Sie sich in Israel schlecht behandelt, Herr Schabati?«

»Warum sollte ich? Ich bin meinen Landsleuten aufrichtig dankbar. Sie haben ein goldenes Herz. Gewiß, sie machen keine besonderen Anstrengungen zur Bekämpfung der Armut, und niemand kümmert sich um die Slums in seiner eigenen Stadt. Andererseits bekundet uns die Öffentlichkeit lebhafte Anteilnahme und ist immer sehr gerührt, wenn im Fernsehen eine Dokumentation unseres Elends gezeigt wird. Das bleibt auch keineswegs ohne Folgen. Man muß nur hören, wie sich dann alle diese Professoren und Soziologen aufregen. Ihre Reden sind ein wirklicher Genuß. Und der Bedarf der Massenmedien an Elendsgeschichten ist noch immer im Wachsen begriffen, so daß wir Unterprivilegierten eine ständige Besserung unseres Lebensstandards zu verzeichnen haben. Man kann ruhig sagen: Israel ist das erste Land der Welt, das seine sozialen Probleme durch Interviews löst.«

Allzu sauber ist ungesund

Kürzlich entschloß ich mich, das in unserer Nachbarschaft neu errichtete Schwimmbad aufzusuchen. Man hatte mir Märchen aus Tausendundeiner Nacht davon erzählt: Es sei klein aber rein, werde unablässig gepflegt, den sonst üblichen Lärm gebe es dort nicht, im Gegenteil herrsche Ruhe und Ordnung, Disziplin und Hygiene, Höflichkeit und Entgegenkommen, Wasser und Luft, Sonne und Schatten. Und das wollte ich nachprüfen. Schon beim Eintritt konnte ich feststellen, daß die märchenhaften Schilderungen der Wirklichkeit entsprachen. Das Wasser war klar wie eine Steuerhinterziehung, man sah bis auf den Grund und auf diesem auch nicht den kleinsten Fremdkörper, nirgends ein weggeworfenes Papier oder sonstige Abfälle, überall Sauberkeit und Zivilisation.

Auf Zehenspitzen näherte ich mich der Kasse:
»Bitte um eine Eintrittskarte.«
»Schalom, mein Herr«, sagte der Kassier. »Wir grüßen hier mit Schalom.«
»Schalom«, sagte ich und wurde rot vor Scham, während ich ihm das Geld für die in geschmackvollen Farbtönen gehaltene Eintrittskarte überreichte.

Auf dem Weg zur Kabine wurde ich durch ein ohrenbetäubendes Pfeifsignal aufgehalten. Das ›Huiiihuiii‹ schnitt so scharf in meine Membranen, daß ich zusammenfuhr und stehenblieb.

Es kam aus der doppelläufigen Alarmpfeife des Bademeisters.

»Bitte den Schwimmanzug in der Kabine anzulegen«, rief er mir zu.

»Selbstverständlich«, antwortete ich. »Ich bin ja gerade auf dem Weg dorthin.«

»Dann bitte etwas schneller, mein Herr, um Mißverständnissen vorzubeugen.«

Damit wandte er sich ab und ließ von der Höhe seines Wachtturms die Blicke wieder über das Schwimmbecken wandern, einem Scheinwerfer vergleichbar, dem nichts verborgen bleibt.

In der Kabine entledigte ich mich meiner Kleider, hängte sie auf die nagelneuen Plastikbügel und übergab sie dem jungen, adrett gewandeten Kabinenwärter, der sich mit ausgesuchter Höflichkeit an mich wandte:

»Wollen Sie nicht lieber Ihr Hemd zuknöpfen, mein Herr? Es könnte sonst vom Träger fallen, und das wäre doch schade, nicht?«

Dankbar befolgte ich seine Anweisung und nahm aus seiner Hand eine runde Nummernscheibe entgegen, die er mir mit den besten Wünschen für einen schönen Aufenthalt und gute Gesundheit übergab.

Kaum hatte ich den Kabinenraum verlassen, überfiel mich abermals das schneidende ›Huiii-huiii‹ des Bademeisters. Es sei, so ließ er mich wissen, aus hygienischen Gründen verboten, den Raum um das Schwimmbecken in Sandalen zu betreten; sommerliche Fußpilzerkrankungen, fügte er erläuternd hinzu, hätten diese Maßnahme im Interesse der Badegäste notwendig gemacht.

Widerspruchslos schlüpfte ich aus meinen Sandalen und trug sie in der Hand weiter.

Wenn ich geglaubt hatte, daß damit alles in Ordnung sei, belehrte mich ein scharfer Doppelpfiff sogleich eines anderen:

»Fußbekleidungen welcher Art immer dürfen nicht

zum Schwimmbecken mitgenommen werden, auch nicht von Hand«, instruierte mich das hochschwebende Aufsichtsorgan.

Es blieb mir nichts übrig, als meine Sandalen zurückzutragen und sie der Obhut des adretten Jünglings zu übergeben.

Auf dem Rückweg zum Schwimmbecken erreichten mich abermals Pfiff und Mahnung des Bademeisters:

»Wünschen Sie nicht vielleicht, eine Dusche zu nehmen, mein Herr?«

Seine taktvolle Frage bedeutete nichts anderes, als daß die Benützung des Schwimmbeckens ohne vorherige Säuberung verboten war.

Noch während ich unter der Dusche stand, ertönte das ›Huiii-huiii‹ aufs neue; diesmal kam sein Erreger sogar eigens herabgestiegen und auf mich zu:

»Entschuldigen Sie, mein Herr, aber Ihre Schwimmhose macht einen übermäßig lockeren Eindruck. Bitte wählen Sie eine andere, die nicht herunterrutschen kann. Und wählen Sie bitte rasch.«

Ich riskierte die Frage, wie er denn gemerkt haben könne, daß der Gummizug meiner Schwimmhose nicht mehr ganz vorschriftsmäßig saß. Höflich erteilte mir der kundige Experte die Auskunft, daß er bereits seit fünfzehn Jahren in seinem Beruf tätig sei und einen sechsten Sinn für ausgeleierte Gummibänder entwickelt habe. Ich nickte respektvoll, begab mich zur Verleihstelle für Schwimmanzüge, sagte Schalom, bat um ein Paar Schwimmhosen mit straffem Gummizug, legte sie an, trat hervor, schlug den Weg zum Schwimmbecken ein und hörte einen schrillen, pfeifenden Ton, der wie ›Huiii-huiii‹ klang. Es dauerte nicht lange, bis ich entdeckte, daß es der Bademeister war. Er unterrichtete mich, daß man

beim Verlassen des Schwimmbecken-Areals in den Status eines Neuankömmlings versetzt werde und gut daran täte, eine Dusche zu nehmen. Ich nahm eine zweite Dusche und wollte mich nach all den Anstrengungen auf einem der ums Bassin angeordneten Liegestühle ausruhen – aber ›Huiii-huiii‹: es war verboten, die Liegestühle in nassem Schwimmanzug zu benützen.

Einigermaßen gedrückt schlich ich zum Büfett und erwarb ein Sandwich, mit dem ich mich in nunmehr getrocknetem Zustand auf meinem Liegestuhl stärken wollte. Auch daraus wurde nichts. Das vertraute ›Huiii-huiii‹ brachte mir zur Kenntnis, daß jegliche Nahrungsaufnahme nur unmittelbar am Büfett gestattet war. Ein Sklave des Bademeisters scheuchte mich weg und sprühte ein Desinfektionsmittel über den von mir mißbrauchten Platz.

Um diese Zeit traten bei mir die ersten Anzeichen von Verfolgungswahn auf. Ich kroch auf allen vieren zur Schmalseite des Bassins und machte zwischen Umrandung und Wasserspiegel eine Stelle ausfindig, wo ich mich hinter einer dicken Betonsäule dergestalt verbergen konnte, daß ich nur den Himmel sah und niemand auf Erden mich. Dort fühlte ich mich verhältnismäßig sicher und schlief ein.

Es überraschte mich nicht im geringsten, durch ein schrilles ›Huiii-huiii‹ geweckt zu werden. Die Überraschung bestand lediglich darin, daß es aus nächster Nähe an mein Ohr drang.

Er selbst stand vor mir und rüttelte mich sanft an der Schulter:

»Hier dürfen Sie nicht schlafen, mein Herr. Sie setzen sich ja der Gefahr eines Sonnenstichs aus. Gehen Sie doch ins Wasser!«

Meine Absicht, diese Aufforderung prompt zu befolgen, wurde von einem ›Huiii-huiii‹ in meinem Rücken jäh gebremst:

»Zuerst auf die Toilette!«

»Aber ich muß ja nicht...«

»Doch, Sie müssen!«

Ich ging, blieb drei Minuten, kam heraus und wollte mich mit Anlauf ins Wasser stürzen, um einem neuerlichen ›Huiii-huiii‹ zu entgehen – aber da hatte es mich schon erwischt. Der Bademeister winkte mich zu sich und untersuchte mich von allen Seiten, ob ich mir in der Zwischenzeit nicht vielleicht eine ansteckende Krankheit zugezogen hätte, Lepra oder dergleichen. Obwohl er nichts finden konnte, schickte er mich aufs neue unter die Dusche. Während die sanften Strahlen auf mich herniederrieselten, durchzuckte mich der Verdacht, daß ich in die Hölle geraten sei und es nicht gemerkt hatte, weil sie hygienisch getarnt war.

Langsam, um nur ja kein Eingreifen höherer Mächte zu provozieren, schritt ich auf das Schwimmbecken zu und schickte mich zu einem Kopfsprung an.

»Huiii-huiii!« erklang es. »Gesprungen wird nur vom Trampolin. Überall anders ist es verboten.«

Jetzt riß mir die Geduld:

»Zum Teufel!« brüllte ich. »Was ist hier eigentlich erlaubt?«

»Huiii-huiii«, antwortete der Bademeister. »Kein Lärmen und Schreien im Umkreis des Schwimmbeckens.«

Ich senkte schuldbewußt den Kopf, verzog mich in die entgegengesetzte Richtung, glitt unauffällig ins Wasser und tauchte unter, in der Hoffnung, daß er mich nicht sehen würde.

Die vorbildliche Sauberkeit des Wassers machte mir einen Strich durch die Rechnung. Kaum war ich aufgetaucht, pfiff er mich aufs neue an:

»Huiii-huiii, Sie dürfen nicht mit offenen Augen schwimmen. Das Wasser ist chlorhaltig.«

Ich schwamm mit geschlossenen Augen weiter.

»Huiii-huiii, spritzen Sie nicht!«

»Ohne Spritzen kann ich nicht schwimmen.«

»Dann schwimmen Sie nicht.«

Ich hörte auf zu schwimmen und ertrank.

Bankraub wie üblich

Es begann damit, daß ich von Weinreb einen Scheck über 16 Pfund bekam, ausgestellt auf die Abu-Kabir-Zweigstelle der Leumi-Bank. Ich fuhr hin und übergab den Scheck einem der hierfür zuständigen Beamten. Der Beamte warf einen Blick auf den Scheck, warf zugleich einen anderen – er schielte ein wenig – auf Weinrebs Kontoauszug und sagte:

»In Ordnung. Sie bekommen das Geld an der Kasse.«

Ich trat an den Schalter, zu dem er mich gewiesen hatte: »Schalom«, sagte ich.

»Was wünschen Sie?« fragte der Kassier.

»Das Geld«, antwortete ich wahrheitsgemäß.

»Bitte sehr«, sagte der Kassier und entnahm dem hinter ihm stehenden Safe die dort lagernden Banknotenbündel, um sie mir zu überreichen.

»Was soll das?« fragte ich.

»Ich folge Ihrer Aufforderung. Bei bewaffneten Banküberfällen leiste ich keinen Widerstand.«

Für das schallende Gelächter, in das ich daraufhin ausbrach, schien er kein Verständnis zu haben.

»Ha, ha, ha«, äffte er mich nach. »Sehr komisch, was? Das ist mein fünftes hold up in diesem Monat.«

Ich versuchte dem Mann zu erklären, daß ich keine Waffe bei mir hatte und nur mein Geld haben wollte.

»Herr Singer!« rief der Kassier einem am nächsten Schreibtisch sitzenden Beamten zu. »Bitte kommen Sie einen Augenblick her. Wir haben es mit einem etwas verwirrten Bankräuber zu tun.«

»Sofort.«

Herr Singer beendete seine Arbeit und kam mit

einem Stapel gebündelter Banknoten herüber. »Mehr ist heute leider nicht in der Kassa. Erst wieder am Freitag, wenn die Gehälter ausgezahlt werden. Übrigens – warum tragen Sie keinen Strumpf überm Kopf?«

»Weil das kitzelt.«

Es war eine merkwürdige und für mich nicht gerade erfreuliche Situation. Rings um mich drängten sich Neugierige, schnitten Gesichter und redeten durcheinander. Einer von ihnen stürzte zur Tür, wo seine Frau wartete:

»Hol die Kinder, schnell! Hier gibt's einen Banküberfall.«

Immer noch lagen die hochgehäuften Banknotenbündel vor mir, immer noch versuche ich Herrn Singer klarzumachen, daß ich sie nicht an mich nehmen würde.

»Nehmen Sie nur, nehmen Sie nur«, ermunterte mich Herr Singer. »Wir sind versichert.«

Wie ich weiter von ihm erfuhr, hatten erst in der Vorwoche zwei kleine Mädchen die Bankfiliale in Jaffa ausgeraubt, und der dortige Filialleiter hatte ihn, Singer, wissen lassen, daß die Abu-Kabir-Filiale als nächstes drankäme. Seither hielt Singer in Erwartung dieses Ereignisses immer eine größere Menge Bargeld vorbereitet. »Das gehört zum Kundendienst der israelischen Banken«, sagte er nicht ohne Stolz. »Wir haben inzwischen gewisse Verhaltungsmaßregeln ausgearbeitet, nach denen sich auch unsere Kunden richten. Es läuft wie am Schnürchen.«

Tatsächlich: die Besucher, die sich zur Zeit meines bewaffneten Überfalls in der Bank aufhielten, waren mittlerweile in Deckung gegangen, lagen flach auf dem Boden und wurden dort von den Beamten bedient. Nachher krochen sie auf allen vieren zum Ausgang. Andere kamen auf allen vieren herein.

»Früher einmal«, fuhr Herr Singer in seinen Erklärungen fort, »wurden Banküberfälle noch nach dem klassischen Zeremoniell ausgeführt. Die Eindringlinge waren maskiert, gaben Schreckschüsse ab, brüllten und drohten. Heute geht das alles viel nüchterner vor sich, und die israelischen Banken lassen diesem vereinfachten Verfahren jede nur mögliche Förderung angedeihen. Erst vor wenigen Tagen wurde die Barkley-Bank in Ramatajim von zwei Männern, die nur mit einem Schraubenzieher bewaffnet waren, um 100 000 Pfund erleichtert, und bei der Leumi-Bank in Petach Tikvah wurde dem Schalterbeamten nur noch ein Eislutscher vorgehalten. Hat funktioniert. Gestern erschien ein Zeitungsinserat der Diskontbank in Haifa, das die Bankräuber aufforderte, während der Sommermonate ihre Überfälle immer nur Montag, Mittwoch und Donnerstag durchzuführen.«

»Nieder mit der Bürokratie«, warf ich ein.

»Sie sehen das falsch«, entgegnete Singer. »Es ist eine ideale Situation, von der Herzl nicht zu träumen gewagt hätte. Jetzt haben auch wir unsere Kriminellen. Jetzt sind wir endlich ein normales Volk. Batja«, wandte er sich an seine Sekretärin, »haben Sie die Polizei angerufen?«

»Ja«, antwortete Batja und kaute weiter an ihrem Kaugummi. »Aber die Nummer ist besetzt.«

»Dann lassen Sie's«, sagte Singer.

Während ich das vor mir aufgeschichtete Geld zu zählen begann, erkundigte ich mich bei Singer, wieso es hier keine Alarmanlage gäbe. Wegen des Lärms, erklärte mir Singer. In der Hapoalim-Bank hatte neulich während des Raubüberfalls die Alarmglocke eine volle Stunde lang geläutet, und der Lärm hatte zu schweren Nervenschocks unter den Angestellten geführt.

»Und wo sind Ihre bewaffneten Wächter?« fragte ich weiter.

»Irgendwo draußen. Um diese Zeit führt unser Generaldirektor seine Hunde spazieren. Dabei muß er natürlich bewacht werden.«

Inzwischen hatte der Kassier die Notenbündel in zwei kleine, von der Bank zur Verfügung gestellte Köfferchen verpackt und fragte mich, wo ich mein gestohlenes Fluchtauto geparkt hätte.

Als wir auf die Straße traten, umringten mich viele wartende Passanten, die unbedingt Schnappschüsse von mir machen wollten. Sie baten mich, mein Gesicht doch wenigstens mit einem Taschentuch zu maskieren und nicht so dumm zu grinsen.

Am Ende der Straße waren Polizisten damit beschäftigt, eine Barrikade aufzubauen.

Ich verteilte noch rasch ein paar Autogramme und unternahm einen letzten Versuch, der Bank die beiden Koffer mit dem Geld aufzudrängen. Singer wies mich energisch zurück:

»Nicht nötig, nicht nötig. Wir haben bereits unsere Zentrale benachrichtigt, und die Versicherungsgesellschaft ist soeben dabei, unseren Kontoauszug auf den neuesten Stand zu bringen. Nur keine Komplikationen. Bleiben Sie lieber noch eine Weile hier, bis die Leute vom Fernsehen kommen.«

Dazu hatte ich leider keine Zeit, verabschiedete mich von Singer mit einem herzlichen Händedruck und fuhr zur nächsten Tankstelle.

»Wieviel!« fragte der Tankwart.

»Auffüllen!« sagte ich.

Der Tankwart öffnete meinen Kofferraum und warf alles Geld hinein, das er zur Hand hatte.

»Brauchen Sie eine Empfangsbestätigung?« fragte ich.

»Danke, nein. Ich bin versichert.«

Wie schade, dachte ich auf der Heimfahrt, wie schade, daß wir gerade jetzt eine Inflation im Land haben. Wo wir doch endlich ein normales Volk geworden sind.

Die Rache des Kohlrabi

»Ephraim«, fragte mich eines Tages die beste Ehefrau von allen. »Ephraim, bin ich dick?«
»Nein, Frau«, antwortete ich, »du bist nicht dick.«
»Aber du bist dick!«
»Ach so? Dann muß ich dir allerdings sagen, daß du noch viel dicker bist.«

In Wahrheit ist niemand von uns beiden ›dick‹ im buchstäblichen Sinne des Wortes. Die beste Ehefrau von allen mag vielleicht an einigen Ecken und Enden ihres Körpers gewisse Rundungen aufweisen, und was mich betrifft, so sehe ich im Profil manchmal ein wenig schwammig aus. Aber das sind mehr persönliche Eindrücke als das Verdikt der Waage.

Trotzdem und für alle Fälle traten wir mit einer der Gewichtsüberwachungsstellen in Verbindung, wie sie heute im Schwange sind. Die Freundinnen meiner Frau wissen wundersame Geschichten von diesen Kontrollstationen zu erzählen, die dem leichten Leben der Schwergewichtler ein Ende setzen. Zum Beispiel haben sie das Gewicht eines stadtbekannten Friseurs derart verändert, daß er jetzt 40 kg wiegt statt 130, und ein Theaterdirektor soll in zwei Monaten von 90 kg auf den absoluten Nullpunkt gesunken sein.

An einer Zweigstelle der erwähnten Organisation wurden wir von einer Direktrice und einem spindeldürren Dozenten in Empfang genommen. Noch wenige Monate zuvor – so berichteten seine hingerissenen Schüler – wurden zwei Sitzplätze frei, wenn er aus dem Autobus ausstieg; heute tritt er gelegentlich in einem ›Grand Guignol‹-Stück als Gespenst auf...

Der Dozent gab uns ohne Umschweife die Grundlagen des Kommenden bekannt: Über jeden Abmagerungskandidaten wird ein eigenes Dossier angelegt. Gegen geringes Aufgeld wird er einmal wöchentlich einer mündlichen Gehirnwäsche unterzogen und bekommt ein schriftliches Menü. Man muß nicht gänzlich auf Nahrungszufuhr verzichten, man muß nur bestimmte Dinge aufgeben, einschließlich der Geschmacksnerven. Kein Brot, kein Weißgebäck, keine Teigwaren, keine Butter. Nichts, was Fett, Stärke oder Zucker enthält. Statt dessen Kohlrabi in jeder beliebigen Menge, ungesäuertes Sauerkraut und aus dem Wasser gezogenen Fisch. Zwei Gläser Milch pro Tag. Keinerlei sportliche Betätigung, weil sie den Appetit anregt. Besonders empfohlen: einmal wöchentlich eine Stunde lang ausgestreckt auf dem Boden liegen und dazu lauwarmes Wasser trinken. Nach Ablauf von sieben Tagen wird man auf der Kontrollstelle gewogen, und wenn man kein Gewicht verloren hat, ist man selber schuld und soll sich schämen. Hat man Gewicht verloren, wird man anerkennend gestreichelt.

»Ausgezeichnet«, sagte ich. »Wir sind sehr zärtlichkeitsbedürftig.«

Die Direktrice führte uns in einen andern Raum, wo wir eine Waage besteigen mußten, ohne Schuhe, aber mit dem kompletten Inhalt unserer Taschen. Das Resultat war niederschmetternd:

»Es tut mir leid«, sagte die Direktrice. »Sie können das erforderliche Übergewicht nicht beibringen.«

Mir wurde es schwarz vor den Augen. Nie hätte ich geglaubt, daß man uns einer solchen Formalität halber des Rechts auf Abmagerung berauben würde. Schließlich fehlten mir nur drei Kilo zu einem amtlich beglaubigten Fettwanst, und meine Frau, obschon von kleiner Statur, wäre mit einem Zuschlag von eineinhalb Kilo ausgekommen. Aber die Gewichtsüberwacher ließen nicht mit sich handeln.

So kehrten wir denn nach Hause zurück und begannen alles zu essen, was verboten war. Zwei Wochen später meldeten wir uns abermals auf der Kontrollstation, mit der begründeten Hoffnung, daß unserer Aufnahme nun nichts mehr im Wege stünde. Zur Sicherheit hatte ich meine Taschen mit 50 Pfund in kleinen Münzen vollgestopft.

»Herzlich willkommen«, sagte die Direktrice nach der Abwaage. »Jetzt kann ich ein Dossier für Sie anlegen.«

Hierauf erteilte uns der Dozent seine Instruktionen:

»Drei große Mahlzeiten täglich. Sie dürfen sich nicht zu Tode hungern. Sorgen Sie für Abwechslung! Wenn Ihnen das Sauerkraut zu widerstehen beginnt, wechseln Sie zum Kohlrabi, und umgekehrt. Hauptsache: kein Fett, keine Stärke, kein Zucker. Kommen Sie in einer Woche wieder.«

Sieben Tage und sieben Nächte lang hielten wir uns sklavisch an diese Vorschriften. Unser Käse war weiß und mager, unser Brot war grün von den Gurken, die es durchsetzten, unser Sauerkraut war bitter.

Als wir am achten Tag die Waage bestiegen, hatten wir beide je 200 g zugenommen, und das mit leeren Taschen. »So etwas kann passieren«, äußerte der Dozent. »Sie müssen etwas strenger mit sich sein.«

In der folgenden Woche aßen wir ausschließlich Kohlrabi, der uns in eigenen Lieferwagen direkt vom Güterbahnhof zugestellt wurde. Und wirklich: wir hatten keine Gewichtssteigerung zu verzeichnen. Allerdings auch keine Abnahme. Wir stagnierten. Der Zeiger der kleinen Waage, die wir für den Hausgebrauch angekauft hatten, blieb immer an derselben Stelle stehen. Es war ein wenig enttäuschend.

In einer alten Apotheke in Jaffa entdeckte die beste Ehefrau von allen eine schlecht funktionierende Waage, aber dort stand die halbe weibliche Bevölkerung von Tel Aviv Schlange. Außerdem käme auf der Kontrollstation ja doch die Wahrheit heraus.

Allmählich begann ich zu verzweifeln. Sollten wir für alle Ewigkeit bei unserem jetzigen Gewicht steckenbleiben? Wieso hatte meine Frau nicht abgenommen? Für mich selbst gab es ja eine Art Erklärung dieses Phänomens: mir war ein Gerücht zu Ohren gekommen, daß ich allnächtlich in die Küche ging, um mich dort über größere Mengen von Untergrund-Käsen und Résistence-Würstchen herzumachen...

Die Rache des Kohlrabi, zu dem ich in den folgenden Wochen zurückkehrte, ließ nicht lange auf sich warten.

In der siebenten Woche unserer Qual – die siebente Woche ist bekanntlich die kritische – fuhr ich mitten in der Nacht aus dem Schlaf hoch. Ich verspürte ein unwiderstehliches Bedürfnis nach dem betörenden Geruch und Geräusch von bruzzelndem Fett. Ich mußte unbedingt sofort etwas Gebratenes essen, wenn ich nicht verrückt werden wollte. Ich war bereit, für ein paar lumpige Kalorien einen Mord zu begehen. Der bloße Gedanke an die Buchstabenfolge ›Baisers mit Cremefüllung‹ ließ mich erzittern. Fiebervisionen von ›Stärke‹ suchten mich heim. Ich glaubte den Begriff der ›Stärke‹ in körperlicher Gestalt zu sehen: ein süßes, anmutiges Mädchen, das in einem weißen Brautkleid und mit wehendem Goldhaar über eine Wiese lief.

»Stärke!« rief ich hinter ihr her. »Warte auf mich,

Stärke! Ich liebe dich! I love you! Je t'aime! Ja tibja ljublju! Entflieh mir nicht, Stärke!«

In der nächsten Nacht hatte ich sie tatsächlich eingeholt. Ich glitt aus dem Bett, schlich in die Küche, leerte einen vollen Sack Popcorn in eine Pfanne mit siedendem Öl, streute Unmengen von Zucker darüber und verschlang das Ganze auf einen Sitz. Und das war nur der Beginn des Kalorien-Festivals. Gegen Mitternacht stand ich am Herd, um Birnen zu braten, als plötzlich neben mir die fragile Gestalt der besten Ehefrau von allen auftauchte. Mit geschlossenen Augen strebte sie dem Wäschekorb zu und entnahm ihm etwa ein Dutzend Tafeln Schokolade, die sie sofort aus der Silberpapierhülle zu lösen begann. Auch mir bot sie davon an, und ich machte von ihrem Anerbieten wohlig grunzend Gebrauch.

Mittendrin erwachte mein Abmagerungsinstinkt. Ich kroch zum Telefon und wählte mit letzter Kraft die Nummer der Überwachungs-Zweigstelle:

»Kommen Sie schnell... schnell... sonst essen wir... Schokolade...«

»Wir kommen sofort!« rief am andern Ende der Dozent. »Wir sind schon unterwegs...«

Bald darauf hielt mit kreischenden Bremsen das Auto der Gewichtsüberwacher vor unserem Haus. Sie brachen durch die Tür und stürmten die Küche, wo wir uns in Haufen von Silberpapier, gebratenen Obstüberbleibseln und flüssiger Creme herumwälzten. Eine halbe Tafel Schokolade konnten sie noch retten. Alles andre hatte den Weg in unsere Mägen gefunden und hatte uns bis zur Unkenntlichkeit aufgebläht.

Der Dozent nahm uns auf die Knie, rechts mich, links die beste Ehefrau von allen.

»Macht euch nichts draus, Kinder«, sprach er in

väterlich tröstendem Ton. »Ihr seid nicht die ersten, denen das zustößt. Schon viele unserer Mitglieder haben in wenigen Stunden altes Gewicht, das sie in Jahren verloren hatten, wieder zugenommen. Lasset uns von vorne anfangen.«

»Aber keinen Kohlrabi!« flehte ich mit schwacher Stimme. »Ich beschwöre Sie: keinen Kohlrabi!«

»Dann sei es«, entschied der Dozent, »nur grüner Salat...«

Wir haben die Reihen der überwachten Gewichtsabnehmer verlassen. Wir waren völlige Versager.

Manchmal sehe ich im Profil wieder ein wenig schwammig aus, und die beste Ehefrau von allen weist an einigen Stellen ihres Körpers wieder gewisse Rundungen auf. Na und? Gut genährte Menschen haben bekanntlich den besseren Charakter, sie sind freundlich, großzügig und den Freuden des Daseins zugetan, sie haben, kurzum, mehr vom Leben. Was sie nicht haben, ist Kohlrabi und Sauerkraut. Aber das läßt sich verschmerzen.

Die vier apokalyptischen Fahrer

Wann schläft der Mensch am besten? Nach den neuesten wissenschaftlichen Forschungen bis 5.25 Uhr am Morgen. Um 5.25 Uhr am Morgen fährt der Durchschnittsbürger aus dem besten Schlafe hoch. Der höllische Lärm, der über ihn hereinbricht, weist eine vielfältige Zusammensetzung auf und läßt sich am ehesten mit dem Klangbild mehrerer Tonbänder vergleichen, die zur selben Zeit verkehrt abgespielt werden. Es klingt nach Fliegeralarm, nach einer stampfenden Büffelherde, nach einem Sturmangriff mit schweren Panzern und nach dem Dschungelschrei eines wildgewordenen Tarzans.

Um 5.25 Uhr am Morgen.

Die Reaktion der Menschen, die von dieser Naturkatastrophe betroffen werden, ist unterschiedlich. Manche vergraben sich in ihre Kissen und beginnen zu beten. Andere – zumeist diejenigen, die vor Schreck aus dem Bett gefallen sind – sausen ziellos zwischen Schlafzimmer und Badezimmer hin und her. Schreiber dieses wirft sich bei den ersten Donnerschlägen wortlos auf seine neben ihm schlummernde Gattin und würgt sie so lange, bis es ihr gelingt, die Nachttischlampe anzuknipsen und ihm vorsichtig beizubringen, daß ihn niemand ermorden will. »Wie um des Himmels willen ist es möglich«, fragte mein Nachbar Felix Seelig, als er sich einmal um 5.25 Uhr am Morgen aus dem Fenster beugte, »daß vier Männer einen so ungeheuerlichen Krach erzeugen?«

Wir beobachteten die Vier von oben. Es handelte

sich um den Fahrer des städtischen Müllabfuhrwagens, um seinen Mitfahrer, der meistens auf dem Trittbrett steht, und um die beiden Kerle, die sich der wartenden Koloniakübel bemächtigen und sie mit Getöse ausleeren. Auf den ersten Blick sehen diese Vier wie einfache Sendboten des Gesundheitsamtes aus, aber hinter ihrem unauffälligen Äußeren verbergen sich vier Weltmeister der Höllenlärm-Technik. Zum Beispiel benützt der Fahrer grundsätzlich nur den ersten Gang, um seinen Motor auf höchste Diesellautstärke zu bringen, während die beiden Zubringer jeden einzelnen Koloniakübel polternd über das Pflaster schleifen und dabei so laut und lästerlich fluchen, als stünde der Ausbruch von Tätlichkeiten unmittelbar bevor.

In Wahrheit haben sie keinerlei Streit miteinander. Hört man mit den Restbeständen von Membranen, über die man noch verfügt, etwas genauer hin, so kann man feststellen, daß sie sich auf ihre Weise über ganz alltägliche Dinge unterhalten. Diese ihre Weise besteht darin, daß die Unterhaltung grundsätzlich immer dann beginnt, wenn der eine von ihnen mit dem schon entleerten Koloniakübel im Hausflur angelangt ist und der andre in 20–30 Meter Entfernung seinen noch gefüllten Kübel auf die Kippe niederkrachen läßt.

»Hey!« brüllt der eine. »Hey! Was hast du gestern abend gemacht, gestern abend?«

Darauf antwortet jedoch nicht der andre, sondern der Fahrer steckt den Kopf aus seinem Gehäuse hervor, legt die Hände an den Mund und brüllt:

»Hey! Wir sind zu Hause geblieben! Zu Hause! Und du?« Jetzt erst ist es so weit, daß der ursprünglich Angesprochene oder besser Angebrüllte zurückbrüllt:

»Hey! Wir waren im Kino! Im Kino waren wir! Bei diesem Wildwestfilm! Großartig! Alle haben sehr gut gespielt haben alle!«

Auch wenn die Dialogpartner dicht nebeneinander stehen, ändert sich nichts an der Lautstärke ihres Geplauders:

»Hey! Kommen dir diese verdammten Kübel heute nicht verdammt schwer vor?«

»Verdammt schwer heute! Wo es noch dazu so verdammt heiß ist! Verdammt!«

Frau Kalaniot, der das Schicksal ein Schlafzimmer direkt oberhalb des Haustors zugewiesen hat und die infolgedessen ständig am Rande eines Nervenzusammenbruchs wandelt, riß in ihrer Verzweiflung einmal das Fenster auf und rief hinunter:

»Bitte Ruhe! Ich flehe Sie an: Ruhe! Müssen Sie denn jede Nacht solchen Lärm machen?«

»Nacht? Wieso Nacht?« Der Angeflehte wieherte fröhlich. »Es ist ja schon halb sechs vorbei ist es schon!«

»Wenn Sie mit diesem Lärm nicht aufhören, hole ich die Polizei!« Das war Benzion Ziegler, der sein Fenster gleichfalls aufgerissen hatte. Die vier apokalyptischen Fahrer krümmten sich vor Lachen:

»Polizei! Hohoho! Hol doch einen Polizisten hol ihn doch! Wenn du in der Nacht einen findest! Hohoho…«

Ja, so sind sie, unsere stämmigen, breitschultrigen, von keiner Hemmung belasteten Naturburschen, die neue Generation, die neue Rasse, der neue Mensch. Man hat den Eindruck, daß keine Macht der Welt mit ihnen fertigwerden könnte.

Dieser Eindruck wird durch die Tatsachen erhärtet. Auf dem letzten Protestmeeting unseres Häuserblocks betraute man mich mit der ehrenvollen Aufgabe, vom Städtischen Gesundheitsamt die Einstellung der allnächtlichen Erdbebenkatastrophen zu verlangen. Ich rief den Abteilungsvorstand an und begann meine wohlvorbereitete Anklagerede.

Noch ehe ich beim ersten meiner bildkräftigen Vergleiche angelangt war, unterbrach er mich:

»Mir brauchen Sie nichts zu erzählen. Ich bekomme das jeden Morgen zu hören. Sie werden verrückt, sagen Sie? *Ich* werde verrückt...«

Der Sommer kam, und mit ihm kamen die Nächte, in denen man –wenn überhaupt – nur bei offenem Fenster schlafen kann. Wir schickten eine von allen schreibfähigen Anrainern unterzeichnete Petition an die Behörde, blieben jedoch ohne Antwort. Die Aufräumefrau, die dreimal wöchentlich zu den Zieglers kommt und eine Wohnungsnachbarin des Trittbrett-Tarzans ist, empfahl uns, nichts zu unternehmen, weil die Vier davon Wind bekommen und dann noch größeren Lärm machen würden. Auch der Rechtsanwalt, den wir heranzogen, wußte uns nichts Besseres zu raten, als daß wir das Wochenende in Jerusalem verbringen sollten, weil dort die Müllabfuhr häufig durch Streiks lahmgelegt ist.

Wir versuchten es mit Wattebäuschen, die wir uns in die Ohren stopften und die anfänglich einen gewissen Sordino-Effekt bewirkten. Aber schon das erste »Hey!« schnitt durch sie hindurch wie ein scharfes Messer durch weiche Butter.

Auf unserer letzten Protestversammlung hielt der angesehene Mediziner Dr. Wasserlauf einen visionären Vortrag:

»Die chronische Schlaflosigkeit und die traumatischen Schocks, unter denen wir zu leiden haben, werden früher oder später die Funktionsfähigkeit unserer Gehirnganglien beeinträchtigen. Ich bin überzeugt, daß bei unseren Kindern und in noch höherem Maß bei unseren Enkeln bestimmte Degenerationserscheinungen nicht aufzuhalten sind und daß die Müllabfuhr letzten Endes eine bedrohliche Senkung des allgemeinen intellektuellen Niveaus zur Folge haben wird...«

Vor unserem geistigen Auge erschienen Scharen von Enkelkindern, sahen uns stumm und vorwurfsvoll an und verschwanden mit kuriosen Bocksprüngen im nahen Wald.

Es mußte etwas geschehen.

Wäre es nicht am besten, mit den Leuten zu reden? Das entspräche nicht nur unseren demokratischen Grundsätzen, sondern vor allem der menschlichen Würde, die ja auch dem Müllabfuhr-Personal als unveräußerliches Recht eingepflanzt ist. Ganz im geheimen empfanden wir tiefe Bewunderung für jene vier Aufrechten, die schon im frühen Morgendämmer ihre schwere Arbeit verrichteten, während wir nichtsnutzige Schmarotzer in unseren weichen, weißen Betten wohlig bis 5.25 Uhr schnarchten... Es wurde beschlossen, die Sache psychologisch anzugehen. Wir mußten zu den Herzen der Vier einen Weg finden. Geld spielt keine Rolle.

An einem der nächsten Tage enthielt der Text der allmorgendlichen Lärmsendung eine Variante:

»Hey!« dröhnte es vom Trittbrett zu den Kübeln. »Langsam wird's kalt! Kalt wird's langsam!«

»Hey!« donnerte es zur Antwort. »Kauf dir einen Pullover! Kauf dir einen!«

»Pullover? Sagst du Pullover hast du gesagt? Hey! Wo soll ich einen Pullover hernehmen, wo?«

Wir handelten unverzüglich. Wir handelten im Interesse unserer Nachkommen, im Interesse der Zukunft späterer Generationen, im Interesse des Friedens im Nahen Osten. Aus den Geldern des eigens für diese Zwecke angelegten ›Reinigungs-Fonds‹ kaufte Frau Kalaniot einen knallroten Pullover (Übergröße), und Felix Seelig begab sich an der Spitze einer Delegation zum Wohnhaus des Trittbrett-Tarzans, der seine Rührung kaum verheimlichen konnte. Er zeigte volles Verständnis für den von Felix Seelig vorsichtig formulierten Hinweis, daß warme Kleider bekanntlich zur Schaffung einer ruhigeren Atmosphäre beitrügen, dankte der Delegation in stockenden, ungefügen Worten und versprach, auch seine Mitarbeiter entsprechend zu informieren.

Am nächsten Morgen um 5.25 Uhr wurde Frau Kalaniot durch ein Gebrüll von noch nicht dagewesener Unmenschlichkeit aus ihrem Bett geschleudert:

»Hey! Die haben mir diesen Pullover gekauft haben sie! Diesen roten Pullover!«

»Sind nette Leute«, brüllte es zurück. »Nette Leute sind sie! Wirklich nett!«

Hierauf erfolgte eine Explosion, die alle bisherigen übertraf: in seiner Freude über den roten Pullover schleuderte der Trittbrett-Tarzan einen eben entleerten Kübel in so kunstvoller Schleife zurück, daß zwei andere Kübel mitgerissen wurden und insgesamt drei Granateneinschläge zur gleichen Zeit stattfanden.

Seither höre ich schlecht auf dem linken Ohr. Dafür schlafe ich sehr gut auf der rechten Seite. Eine exzellente und im Grund ganz einfache Lösung. Ich muß mich wundern, daß ich nicht schon früher an sie gedacht habe.

Wie man sich die Versicherung sichert

Als ich gestern nacht mit meinem Wagen den Parkplatz verlassen wollte, trat ein gutgekleideter Bürger auf mich zu und sprach:

»Entschuldigen Sie – aber wenn Sie nur ein ganz klein wenig rückwärtsfahren, beschädigen Sie meinen Kotflügel.«

»In Ordnung«, sagte ich mit einem respektvollen Blick auf den amerikanischen Straßenkreuzer, dem der Kotflügel gehörte. »Ich werde aufpassen.«

Der gutgekleidete Bürger schüttelte den Kopf:

»Im Gegenteil, es wäre mir sehr recht, wenn Sie meinen Kotflügel beschädigen. Ich sammle Blechschäden.«

Das klang so interessant, daß ich ausstieg und mir die Sache genauer erklären ließ.

Mein Partner deutete zunächst auf eine waschbeckenartige Vertiefung in seinem Wagendach:

»Ich hatte einen Zusammenstoß mit einer Verkehrsampel. Es war windig, und sie ist heruntergefallen. Max, der Inhaber meiner Reparaturwerkstätte, den ich sofort aufsuchte, zeigte sich skeptisch. ›Herr Doktor Wechsler‹, sagte er, ›eine solche Kleinigkeit zu reparieren ist nicht der Mühe wert. Dafür zahlt Ihnen die Versicherung nichts. Holen Sie sich noch ein paar Blechschäden und kommen Sie dann wieder zu mir.‹ Soweit Max. Er wußte, wovon er sprach.«

Wir nahmen auf dem vorläufig noch intakten Kühler seines Wagens Platz, und Wechsler fuhr fort:

»Jede Versicherungspolice enthält eine Klausel, die den Versicherungsnehmer verpflichtet, Schäden bis zu einer bestimmten Summe selbst zu bezahlen. Bei uns beläuft sich diese Selbstbehaltsklausel in der Regel auf 230 Pfund. Da die Reparatur meines Wagens nur etwa 200 Pfund kosten würde, wäre es sinnlos, den Schaden anzumelden. Wenn ich aber der Versicherungsgesellschaft noch ein paar andere Schäden präsentieren kann...«

»Einen Augenblick, Doktor Wechsler«, unterbrach ich. »Auch wenn Sie alle Ihre Kotflügel zertrümmern, müssen Sie die ersten 230 Pfund immer noch selbst bezahlen.«

»Herr«, entgegnete Doktor Wechsler, »überlassen Sie das meinem Max.«

So wurde ich mit einer Lehre vertraut gemacht, die ich als ›Maximalismus‹ bezeichnen möchte. Anscheinend besteht zwischen der Internationalen Gewerkschaft der Karosseriespengler (Hauptsitz New York) und dem Weltverband der Pkw-Fahrer in Kopenhagen ein Geheimabkommen, demzufolge die Spengler den Versicherungsgesellschaften sogenannte ›frisierte Rechnungen‹ vorlegen, in denen die Selbstbehaltsumme nur scheinbar berücksichtigt wird. In Wahrheit läßt sie der Spengler unter den übrigen Posten seiner Rechnung unauffällig verschwinden – allerdings nur unter der Voraussetzung, daß diese Rechnung eine Gesamthöhe von mindestens 1500 Pfund erreicht. Und dazu bedarf es natürlich mehrerer Schäden.

Wie sich im Verlauf des Gesprächs herausstellte, war mein Partner ein alter Routinier auf diesem Gebiet. Einmal hatte er es innerhalb weniger Tage auf eine Schadenssumme von 2800 Pfund gebracht.

»Aber diesmal« – aus seiner Stimme klang tiefe Verzweiflung – »komme ich über die lächerliche Schramme auf meinem Wagendach nicht hinaus. Seit

Wochen versuche ich, mir noch andere Beschädigungen zuzuziehen – vergebens. Ich bremse dicht vor einem Fernlaster, ich überhole städtische Autobusse, ich parke neben Militärfahrzeugen – es hilft nichts. Niemand läßt sich herbei, meinen Wagen auch nur zu streifen. Deshalb wende ich mich jetzt an Sie. Wenn Sie vielleicht die Güte hätten ...«

»Aber selbstverständlich«, antwortete ich bereitwillig. »Man muß seinen Mitmenschen behilflich sein, wo man kann.«

Damit setzte ich mich ans Lenkrad, schaltete den Rückwärtsgang ein und begann vorsichtig zu reversieren.

»Halt, halt!« rief Wechsler. »Was soll das? Steigen Sie anständig aufs Gas, sonst machen Sie höchstens 60 Pfund!«

Ich nahm mich zusammen und rammte mit voller Wucht seinen Kotflügel. Es klang durchaus zufriedenstellend.

»In Ordnung?« fragte ich.

Wechsler wiegte bedächtig den Kopf:

»Nicht schlecht. Aber mehr als 600 Pfund sind da nicht drin. Früher einmal, als der Selbstbehalt nur 110 Pfund betrug, genügte ein anständig zertrümmerter Kotflügel. Heute muß man praktisch den ganzen Wagen demolieren, um überhaupt etwas zu erreichen. Wären Sie so freundlich, meine Türe einzudrücken?«

»Gerne.«

Nach Abschätzung der Distanz startete ich einen Flankenangriff mit Vollgas. Meine hintere Stoßstange schien dafür wie geschaffen. Es gab einen dumpfen Knall, Glassplitter flogen umher, Wechslers Türe fiel aus den Angeln – wirklich, es ist etwas Erhebendes um die Solidarität der Autofahrer.

»Soll ich noch einmal?«

»Danke«, sagte er. »Das genügt. Mehr brauche ich nicht.«

Seine Ablehnung enttäuschte mich ein wenig, aber schließlich war er der Schadennehmer. Ich stieg aus und betrachtete die von mir geleistete Arbeit. Sie konnte sich sehen lassen. Nicht nur die Türe, die ganze Längsseite des Wagens war verwüstet. Das würde eine saftige Reparatur erfordern!

Als ich zu meinem Wagen zurückkehrte, mußte ich feststellen, daß meine eigene Stoßstange wesentliche Krümmungen aufwies.

»Typisch für einen Anfänger«, bemerkte Dr. Wechsler mitleidig. »Sie dürfen nie in schrägem Winkel auffahren, merken Sie sich das für die Zukunft. Die Stoßstange wird Sie leider nicht mehr als 50 Pfund kosten... Warten Sie. Ich verschaffe Ihnen noch 400 Pfund.«

Dr. Wechsler brachte seinen Straßenkreuzer in Position und steuerte ihn gefühlvoll gegen meine linke Seitentüre.

»Und jetzt bekommen Sie von mir noch einen neuen Scheinwerfer.«

Er machte es genau richtig: mit einem Mindestmaß an Einsatz ein Höchstmaß an Wirkung.

»Nichts zu danken«, wehrte er ab. »Gehen Sie morgen zu Max – hier seine Adresse – und grüßen Sie ihn von mir. Sie werden keinen Pfennig zu zahlen haben.«

Ungeahnte Perspektiven öffneten sich vor meinem geistigen Auge. Oder war es nur die Zerstörungswut aus lang zurückliegenden Kindertagen, die mich überkam? Ich schlug Wechsler vor, jetzt gleich, an Ort und Stelle, einen Frontalzusammenstoß unserer Kraftfahrzeuge zu veranstalten, aber er winkte ab:

»Nicht übertreiben, lieber Freund. So etwas kann leicht zur Gewohnheit werden. Jetzt lassen Sie erst einmal die Versicherung zahlen. Dann können Sie überlegen, was Sie weiter machen wollen.«

Wir verabschiedeten uns mit einem kräftigen Händedruck. Wechsler ging zu Max und ich zu einem Autohändler, um einen neuen Wagen zu kaufen.

Der Fisch stinkt vom Kopfe

Hätten uns die Stocklers an jenem unglückseligen Donnerstag nicht eingeladen, so wäre ich heute noch ein freier Mensch. Die Stocklers jedoch haben uns eingeladen, und der Anblick, der sich uns gleich beim Betreten ihrer Wohnung bot, benahm uns den Atem. Überall standen traumhaft schöne Aquarien herum, die von innen farbenprächtig beleuchtet waren und deren kleine Bewohner sich offenkundig so wohl fühlten wie Fische im Wasser.

»Das hat meinem Leben einen neuen Sinn gegeben«, sagte Stockler mit einer von Dankbarkeit vibrierenden Stimme. »Ihr ahnt ja nicht, was für eine himmlische Nervenberuhigung davon ausgeht, sich einfach hinzusetzen und diese kleinen Geschöpfe anzuschauen... nur anzuschauen... nichts weiter...«

Wir setzten uns einfach hin und schauten die kleinen Geschöpfe an, nichts weiter. Im zweiten Aquarium von rechts entdeckten wir einen ungewöhnlich schönen Fisch, dessen Schuppen in allen Regenbogenfarben glitzerten.

»Der da?« Stockler machte eine verächtliche Handbewegung. »Das ist eine der billigsten Sorten. Jeder, der sie hat, will sie loswerden.«

»Warum?« fragte meine Frau.

»Weil es so kindisch einfach ist, sie zu züchten! Hingegen« – und Stockler deutete mit unendlich liebevoller Gebärde auf ein paar ordinäre, reizlos gestreifte Fische in einem andern Behälter – »hingegen wissen nur die wenigsten Leute, wie man den berühmten Pyjama-Fisch züchtet.«

Nach und nach erfuhren wir, daß Stockler jeden einzelnen Fisch in seiner Wohnung persönlich großgezogen hatte, worauf er mit Recht sehr stolz war. Überflüssig zu sagen, daß er schon seit geraumer Zeit ganze Bataillone von Fischen an Masalgowitsch liefert, die führende Tierhandlung der Stadt, und daß ihm das nicht selten bis zu zweihundert Pfund einbringt. Nach der letzten Laichperiode, die offenbar besonders lebhaft verlaufen war, steigerte sich sein wöchentlicher Durchschnittsverdienst sogar auf dreihundert Pfund.

Die Fische begannen mir zu gefallen. Fische zu züchten ist ein sehr liebenswertes Hobby. Und so nervenberuhigend.

»Vor einem halben Jahr hatte ich ein einziges kleines Aquarium«, erinnerte sich unser Gastgeber mit verträumtem Lächeln. »Heute habe ich achtundzwanzig in verschiedenen Größen. Demnächst installiere ich zwölf weitere im Nebenzimmer, das seit meiner Scheidung leersteht.«

»Machen Ihnen die Fische nicht sehr viel Arbeit?«

»Arbeit?« Die Borniertheit meiner Frage ging sichtlich über Stocklers Fassungsvermögen. »Allerhöchstens fünf Minuten im Tag. Was brauchen diese süßen kleinen Kerle denn schon? Ein bißchen Verständnis, ein bißchen Aufmerksamkeit, das ist alles. Und ich kenne jeden einzelnen von ihnen, als wäre er ein alter Freund.«

Bei diesen Worten steckte Stockler seinen Zeigefinger ins nächste Aquarium und gab einen gurrenden Laut von sich, worauf sämtliche Pyjama-Fische von Panik erfaßt wurden und in die entfernteste Ecke des Behälters stoben. Einige versuchten sich in den Bodensand einzugraben, an allen Flossen zitternd. Zwei trafen Anstalten, aus dem Wasser zu springen.

»Sie sind schwanger, die Guten«, erläuterte Stockler. »Ich erwarte ungefähr tausend Fingerlinge..."

Muß ich weitererzählen? Am nächsten Tag gingen wir zu Masalgowitsch.

»Willkommen in der großen, glücklichen Familie der tropischen Fischliebhaber!« begrüßte er uns. »Bei mir bekommen Sie alles, was Sie brauchen, und in der besten Qualität, die es gibt.«

Tatsächlich strahlte der ganze Laden die unverkennbare Atmosphäre professioneller Kennerschaft aus. Es wimmelte von Aquarien in allen erdenklichen Größen und in jeder nur möglichen Ausführung, von Zubehören und Füllungen, von Schlingpflanzen und Algen und Korallenriffen, von elektrischen Spülapparaten und Unterwasserheizkissen. Angesichts der schier unübersehbaren Pracht hatten wir Mühe, eine Auswahl zu treffen, die unseren einigermaßen beengten Finanzverhältnissen halbwegs entsprach. Schließlich erstanden wir ein mittelgroßes Aquarium, das wir jedoch mit einer Vielfarbenbatterie und einer elektrischen Luftpumpe ausstatten ließen. Natürlich kauften wir auch die nötigen Spezialfilter zur Reinigung des Wassers. Und die nötigen Reinigungsutensilien. Und ein verstellbares Netz. Masalgowitsch überzeugte uns, daß wir auch eine Abkratzvorrichtung für Seitenwand-Algen brauchten. Und ausreichende Mengen weißen Sandes, feinkörnig. Und einen Warmwasserkocher, der 25 Liter faßte. Und einen Korb Würmer. Und Würmer. Denn der Wurm ist des Fisches Lieblingsspeise.

»Daran darfst du dich nicht stoßen«, tröstete ich meine kleine Frau. »Auch die Eskimos essen Würmer. In manchen Provinzen Chinas gelten sie sogar als Delikatesse. Die Würmer, nicht die Eskimos.«

Meine kleine Frau, schweigsam wie nur sehr selten, begnügte sich mit der Mitteilung, daß sie weder ein Eskimo sei noch in einer chinesischen Provinz lebe. Ehrlicherweise mußte man ja auch zugeben, daß diese Würmer, zumindest auf den ersten Blick, tatsächlich wie Würmer aussahen: längliche, rote Fleischnudeln, die sich ununterbrochen krümmten und ununterbrochen gar nicht gut rochen... nun ja. Schönes Wetter heute. Lieben Sie Brahms?

Als wir unsere Fracht abtransportieren wollten, erinnerte uns Masalgowitsch, daß es unter den gegebenen Umständen eigentlich üblich sei, auch Fische zu kaufen. Unsere Barschaft reichte gerade noch für zwei Pyjama-Fische. Mit kundigem Griff holte Masalgowitsch das glückliche Paar aus seinem Behälter hervor, tat es in ein Glas und überreichte es uns: »Sie sind leicht zu unterscheiden. Das Weibchen ist immer etwas größer als das Männchen.«

Wir prüften unser Paar und stellten fest, daß sie beide absolut gleich groß waren.

»Kommt vor«, lachte Masalgowitsch. »Es ist ein besonders fettes Männchen und ein besonders mageres Weibchen. Aber seien Sie unbesorgt – sie werden Ihnen eine Menge kleiner Pyjamas schenken, die beiden Schlingel, hahaha...«

Zu Hause installierten wir alles genau nach der Gebrauchsanweisung. Wir setzten die ein wenig lärmende elektrische Pumpe in Betrieb und drehten den Warmwasserkocher an, damit unsere kleinen Lieblinge sich nicht erkälteten. Schwierigkeiten ergaben sich bei der Unterbringung der Würmer. Masalgowitsch hatte als geeigneten Aufenthaltsort den Kühlschrank empfohlen, aber meine Frau drohte mit Hungerstreik, falls etwas Dergleichen geschähe. Sie war als Kind sehr verhätschelt worden, und die Folgen einer so grundfalschen Erziehungsmethode müssen sich früher oder später zeigen. Unter dem Bett wäre genügend Platz gewesen, aber da wollte meine Frau – es ist nicht ihre Schuld, es ist die Schuld ihrer Eltern – unbedingt wissen, ob eine Garantie dagegen bestünde, daß die Würmchen in der Nacht nicht vielleicht aus dem Körbchen kröchen und in unser Bettchen hinein... Schließlich verbannten wir sie ins Badezimmer.

Am nächsten Morgen standen wir frühzeitig auf, denn wir konnten es kaum erwarten. Wir setzten uns einfach hin und schauten die kleinen Geschöpfe an, nichts weiter. Ihr Anblick wirkte im höchsten Grad nervenberuhigend, obwohl uns nach einiger Zeit auffiel, daß sie sich überhaupt nicht bewegten. Sie lagen auf dem Boden des Aquariums, mit den Bauchflossen nach oben. Sie waren – es ließ sich auf die Dauer nicht leugnen – tot. Als wir dem Vorfall nachgingen, entdeckten wir, daß das Wasser siedend heiß war. Wir hatten die beiden Pyjamas über Nacht gargekocht.

An diesem Punkt stellte sich uns ein Problem, mit dem es jeder tropische Fischliebhaber immer wieder zu tun bekommt: Wie wird man tote Fische los? Soll man sie zum Küchenabfall werfen? Meine Frau erbleichte bei dem bloßen Gedanken. Soll man sie im Hof begraben? Wir wohnen im dritten Stock. Soll man sie der Katze des Wohnungsnachbarn geben? Er hat keine Katze. Man kann nur versuchen, sie dort, wo hinuntergespült wird, hinunterzuspülen.

Wir versuchten es, und es gelang. Dann gingen wir zu Masalgowitsch, um ihn von unserem Mißgeschick in Kenntnis zu setzen.

»Was ist Ihnen da eingefallen?« fragte Masalgowitsch tadelnd. »Seit wann läßt man den Boiler die ganze Nacht lang laufen? Hat man so etwas je gehört? Wissen Sie denn nicht, daß die Wassertemperatur unbedingt jede Stunde kontrolliert werden muß?«

Eine rasche Kopfrechnung nahm dieser Mitteilung viel von ihrem Schrecken: wenn man für jede Kontrolle nicht länger als zehn Sekunden veranschlagte, würde das im Tag eine Gesamtsumme von fünf

Minuten ergeben, ganz wie Stockler gesagt hatte. Beruhigt kaufte ich sechs neue Pyjamas, um den Wahrscheinlichkeitsquotienten für das Überleben eines Paares zu steigern. Was die Wassertemperatur betraf, einigte ich mich mit meiner Frau auf eine gestaffelte Kontrolle; ich kontrollierte die Temperatur bei Tag, in der Nacht hingegen wurde die Kontrolle von mir durchgeführt. Meine Frau lehnte jede weitere Mitarbeit ab und wünschte sogar das baldige Ende der sechs neuen Pyjamas herbei. Sie ist, wie ich schon angedeutet habe, ein verzogenes Kind.

So sitze ich denn allein vor dem Aquarium und sehe zu, wie sich die kleinen Geschöpfchen vermehren. Bisher haben sie sich zwar noch nicht vermehrt, aber jetzt muß es sehr bald losgehen.

Wieder ein kleines Mißgeschick. Es spielt keine Rolle, wirklich nicht, und ich erwähne es nur der Vollständigkeit halber: eines Morgens waren unsere Pyjamas mit einem weißen Punktmuster besät, kratzten sich wie verrückt und segelten mit einer deutlichen Schlagseite nach links durch das Aquarium.

»Tut mir leid, Kinder«, sagte ich. »Das ist eure Sache. Ich kann euch da nicht helfen.«

Als sie zwei Tage später jede Ähnlichkeit mit Fischen eingebüßt hatten und nur noch auf dem Rücken schwammen, entschloß ich mich zu einer Gegenmaßnahme und spritzte eine kleine Ladung DDT ins Wasser. Offenbar kam ich mit diesem vorzüglichen Einfall zu spät. Denn schon nach zwei Minuten stiegen die Fische an die Oberfläche und hauchten ihre Pyjamaseele aus. Ich stürzte zu Masalgowitsch, kaufte fünf neue Paare und brachte ihn durch geschickte Fangfragen so weit, daß er mir ein paar Geheimnisse aus dem Born seiner reichen Erfahrung preisgab:

»Sie müssen die Paare getrennt unterbringen. Jedes in einem eigenen Aquarium, sonst vermehren sie sich nicht. Oder würden Sie und Ihre Frau in einem Zimmer leben wollen, das Sie mit zehn Fremden teilen müssen?«

Der Vergleich hinkte. Meine Frau lebte längst nicht mehr in einem Zimmer mit mir, schon seit jenem Tage nicht, da sie die Würmer auf meinem Schreibtisch gefunden hatte. Trotzdem dankte ich Masalgowitsch für seinen einleuchtenden Ratschlag und erwarb vier bequeme Behälter für verheiratete Pyjamas. Zu Hause stellte ich die Paare sorgfältig zusammen, immer einen fetten Pyjama mit einem mageren. Dann wartete ich darauf, daß sie sich zu vermehren begännen. Sie begannen sich nicht zu vermehren. Sie flirteten und knutschten ein wenig herum, aber zu einer seriösen Beziehung kam es nicht. Es machte den Eindruck, als wären alle Pyjamas männlich. Und das war ein sehr trauriger Eindruck.

Stockler erwies sich in diesen schweren Tagen als eine wahre Säule des Trostes und der Zuversicht. Er beschwor mich, den Glauben an die Zukunft nicht zu verlieren, und gab mir wertvolle Tips für die Pyjamazucht. Zum Beispiel sollte ich zwei Teelöffel feines Tafelsalz mit je drei Litern Wasser mischen. Ich mischte. Nichts rührte sich. Nur ein salzempfindlicher Pyjama biß mich in den Finger. Masalgowitsch machte mich auf einen verhängnisvollen Fehler aufmerksam: ich hatte vergessen, den Sand mit Regenwasser zu versetzen, das durch einen Seidenstrumpf passiert werden mußte. Ich passierte. Meine Frau verließ die gemeinsame Wohnung. Von einer Pyjamavermehrung war nichts zu sehen. Stockler verriet mir einen alten Kunstgriff der japanischen Perlenfischer: kleine farbige Glasstückchen auf den Grund des Aquariums zu verstreuen. Ich verstreute. Die Pyjamas, statt für künftige Generationen zu sorgen, spielten mit dem bunten Glas und freuten sich sehr.

Daß es nach einiger Zeit trotzdem zu einem Zeugungsakt kam, war ein böser Irrtum: zwei ordinäre Goldfische hatten sich in einen der Behälter eingeschlichen, wahrscheinlich mit der letzten Lieferung von 30 Pyjamas. Das Ergebnis war eine Goldfischbrut von nicht weniger als 50 Exemplaren. ich spülte sie die Toilette hinunter. Wollte ich Goldfische züchten? Ich wollte Pyjamas. Nur Pyjamas. Viele Pyjamas.

Dann erschütterte ein heftiger Schock die Welt der

Fischzucht. Stockler war auf eine Bananenschale getreten und hatte sich ein Bein gebrochen.

Ich besuchte ihn an einem der nächsten Abende. Als ich seine von neugeborenen Pyjamas überquellende Wohnung sah, verlor ich den letzten Rest meiner Selbstbeherrschung und fiel auf die Knie:

»Stockler«, schluchzte ich. »Lieber, lieber Stockler. Es muß da irgendein Geheimnis geben, ein altes Ritual, das vielleicht schon den Drusen bekannt war und das auch Sie und Masalgowitsch kennen. Aber Sie verbergen es vor mir. Warum sollten Sie auch etwas preisgeben, was Sie in langen Jahren aufreibender Forschungsarbeit entdeckt haben. Trotzdem bitte ich Sie, Stockler: sagen Sie's mir. Haben Sie Erbarmen. Was ist es? Was muß man tun, damit sich die Pyjamas vermehren? Erlösen Sie mich um Gottes willen, Stockler!«

Stockler sah mich lange an. Es fiel ihm schwer, seine innere Erregung zu meistern. Endlich sagte er:

»Gehen Sie nach Hause und lösen Sie die Schale einer halbverfaulten Banane in Benzin auf. Lassen Sie die Flüssigkeit verdampfen, warten Sie, bis der Rückstand getrocknet ist und pulverisieren Sie ihn. Eineinhalb gehäufte Teelöffel auf zwei Liter Wasser ...«

Wie von Furien gejagt, sauste ich nach Hause – nein, zuerst zu Masalgowitsch. Die Rolläden vor seinem Laden waren bereits heruntergelassen. Ich stürzte zur Hintertür. Sie war geschlossen. Durch das Guckloch sah ich Masalgowitsch im Zwielicht eines Ladenwinkels stehen. Er griff gerade in eine große Kiste mit der Aufschrift ›Made in Germany‹. Was er aus der Kiste hervorzog, waren kleine Nylonsäckchen. Und was in den kleinen Nylonsäckchen wimmelte, waren lauter kleine Pyjamas.

Mit einem heiseren Aufschrei warf ich mich gegen

die Tür. Sie barst. Schreckensbleich starrte mich Masalgowitsch an.

»Ich … ich kann nichts dafür«, stammelte er. »Wer weiß denn schon, wie sich diese verdammten Viecher vermehren … Aber in Hamburg gibt es ein Versandhaus, das liefert in die ganze Welt. Auch an mich. Erst gestern hat Herr Stockler 250 Fingerlinge bei mir gekauft. Wenn Sie wollen, können Sie mir einen Wechsel geben, so wie er. Ich sag's keinem Menschen …«

Das also war das Ritual der alten Drusen. Das war Stocklers Geheimnis. Vermehrung durch die Post.

»Was kostet die ganze Kiste?« fragte ich.

Wenige Tage später besuchte mich Stockler. Ich fiel ihm um den Hals. Freudentränen glänzten in meinen Augen.

»Ich danke Ihnen, mein Freund. Ich danke Ihnen aus tiefstem Herzen. Die Bananen-Benzin-Mischung hat Wunder gewirkt!«

Stockler stand sprachlos. Sein Blick wanderte langsam über die sechzehn Aquarien, die alle Ecken meines Zimmers füllten und in denen sich Unmengen munterer Pyjamas tummelten. Plötzlich begannen seine Augenbälle wild zu rollen, wie das unmittelbar vor Ausbruch eines Tobsuchtsanfalls üblich ist. Dann, mit einem unartikulierten Aufwimmern, stürzte er davon.

Gestern traf ich ihn bei Masalgowitsch. Er übersah meinen Gruß. Mich ließ das gleichgültig. Einen erfahrenen Fischzüchter wie mich kann man nicht so schnell beleidigen. Mit demonstrativer Selbstverständlichkeit kaufte ich sieben Behälter und verließ den Laden mit dem festen Schritt eines Fachmanns, der ganz genau weiß, wie man Fische kauft und Aquarien züchtet.

Dressur

›Der Widerspenstigen Zähmung‹ ist ein sehr schönes Theaterstück, paßt aber in keiner Weise auf unsere reinrassige Wachthündin Franzi. Bei Shakespeare, wenn ich nicht irre, zieht die Widerspenstige am Schluß den kürzeren und gibt auf. Nichts dergleichen im Falle Franzi.

Franzi hat über unseren Haushalt eine absolute Herrschaft aufgerichtet. Beim ersten Morgengrauen springt sie in unser Ehebett, leckt uns wach und beginnt hierauf an den umliegenden Gegenständen zu kauen. Ihren kleinen, spitzen Zähnchen sind bereits mehrere Hausschuhe und Bettvorleger zum Opfer gefallen, ferner ein Transistor, ein Kabel und etliche Literatur. Als sie die Nordseite meines Schreibtisches anzuknabbern begann, verwies ich sie energisch des Raums. Seither wagt sie ihn nicht mehr zu betreten, ausgenommen bei Tag und Nacht.
»Ephraim«, fragte die beste Ehefrau von allen, »bist du sicher, daß wir unsern Hund richtig dressieren?«
Auch mir waren diesbezüglich schon Zweifel gekommen. Franzi verbringt den größten Teil ihrer Freizeit auf unseren Fauteuils oder in unseren Betten, empfängt jeden Fremden, der an der Schwelle erscheint, mit freundlichem Schweifwedeln und bellt nur dann, wenn meine Frau sich ans Klavier setzt. Überdies ähnelt sie, da unsere Kinder sie ständig mit Kuchen und Schokolade stopfen, immer weniger einem Zwergschnauzer und immer mehr einem in der Entwicklung zurückgebliebenen Nilpferd. Daß sie sich das Pinkeln auf den Teppich und anderswo-

hin nicht abgewöhnen läßt, versteht sich von selbst. Sie ist eben ein wenig verwöhnt.

»Vielleicht sollten wir sie in einen Abrichtungskurs einschreiben«, antwortete ich auf die vorhin zitierte Frage meiner Frau.

Ich verdankte diesen Einfall dem deutschen Schäferhund Zulu, der in unserer Straße beheimatet ist und täglich zweimal mit Dragomir, dem bekannten staatlich geprüften Hundetrainer, an unserem Haus vorbeikommt.

»Bei Fuß!« ruft Dragomir. »Platz! Leg dich! Auf!«

Und das große, dumme Tier gehorcht aufs Wort, sitzt, liegt und springt wie befohlen. Mehr als einmal haben wir dieses entwürdigende Schauspiel durch das Fenster beobachtet.

»Er verwandelt das edle Geschöpf in eine Maschine.« Die Stimme meiner Frau klang zutiefst angewidert.

»In einen seelenlosen Roboter«, bekräftigte ich.

Und unsere liebevollen Blicke schweiften zu Franzi, die gerade dabei war, ein mit kostbaren Brüsseler Spitzen umrandetes Kopfkissen zu zerreißen, ehe sie den Inhalt über den Teppich verstreute. Wahrscheinlich wollte sie nicht immer auf den bloßen Teppich pinkeln.

»Geh und sprich mit Dragomir«, murmelte meine Frau gesenkten Hauptes.

Dragomir, ein untersetzter Mann in mittleren Jahren, versteht die Sprache der Tiere wie einstens König Salomo, wenn er in Form war. Mit den Menschen hat er Verständigungsschwierigkeiten. Er lebt erst seit dreißig Jahren in unserem Land und kann sich nur in seiner kroatischen Muttersprache fließend ausdrücken.

»Was ist das?« fragte er bei Franzis Anblick. »Wo haben Sie es genommen her?«

»Das spielt keine Rolle«, antwortete ich mit aller gebotenen Zurückhaltung.

Dragomir hob Franzi in die Höhe und bohrte seine Augen in die ihren.

»Wie Sie füttern diese Hund?«

Ich informierte ihn, daß Franzi viermal am Tag ihre Lieblingssuppe vorgesetzt bekäme und einmal entweder Roastbeef mit Nudeln oder Irish Stew, dazu je nachdem Cremerollen, Waffeln und türkischen Honig.

»Schlecht und falsch«, äußerte Dragomir. »Hund nur einmal am Tag bekommt Futter und Schluß. Wo macht Hund hin?«

Ich verstand nicht sofort, was er meinte. Dragomir wurde deutlicher:

»Wo pischt? Wo kackt?«

»Immer im Haus«, wehklagte ich. »Nie im Garten. Da hilft kein Bitten und kein Flehen.«

»Hund immer hinmacht, wo hat erstemal hingemacht«, erklärte der staatliche Trainer. »Wie oft hat bis jetzt hingemacht in Haus?«

Ich stellte eine hurtige Kopfrechnung an:

»Ungefähr fünfhundert Mal.«

»Mati moje! Sie müssen Hund verkaufen!« Und Dragomir machte mich mit der erschütternden Tatsache vertraut, daß Franzi sich dank unserer pädagogischen Fahrlässigkeit daran gewöhnt hätte, den Garten als ihre Wohnung anzusehen und das Haus als Toilette.

»Aber dagegen muß sich doch etwas machen lassen, Maestro!« flehte ich. »Wir zahlen Ihnen jeden Betrag!«

Der staatliche Trainer überlegte.

»Gut«, entschied er dann. »Erstes von allem: Sie müssen anbinden Hund. Ich bringe Kette.«

Am nächsten Morgen erschien Dragomir mit einer ausrangierten Ankerkette, befestigte das eine Ende an einem Besenstiel, den er im entferntesten Winkel des Gartens in die Erde rammte, und band Franzi am andern Ende der Kette fest.

»So. Hier bleibt Hund ganze Zeit. Einmal täglich man bringt ihm etwas Futter. Sonst niemand herkommt in die Nähe.«

»Aber wie soll die arme Franzi das aushalten?« protestierte ich, lautstark unterstützt von Weib und Kind. »Franzi braucht Gesellschaft ... Franzi braucht Liebe ... Franzi wird weinen ...«

»Soll weinen«, beharrte Dragomir erbarmungslos. »Ich sage, was Sie tun, Sie tun, was ich sage. Sonst hat kein Zweck. Sonst besser Sie verkaufen Hund sofort.«

»Alles, nur das nicht!« stöhnte ich im Namen meiner Familie. »Wir werden Ihre sämtlichen Anordnungen befolgen. Was bekommen Sie für den Kurs?«

»Einhundertfünfzig ohne Empfangsbestätigung«, antwortete Dragomir in erstaunlich gutem Hebräisch.

Franzi begann zu winseln.

Schon am Nachmittag schwamm das ganze Haus in Tränen. Die Kinder sahen mit herzzerreißend traurigen Blicken nach Franzi, nach der einsamen, hungrigen, angebundenen Franzi. Renana konnte sich nicht länger zurückhalten und legte sich schluchzend neben sie. Amir bat mich mit flehend aufgehobenen Kinderhändchen, das arme Tier loszubinden. Meine Frau schloß sich an.

»Wenigstens für eine Viertelstunde«, beschwor sie mich. »Für zehn Minuten. Für fünf Minuten...«

»Also schön. Fünf Minuten...«

Laut bellend sauste Franzi ins Haus, sprang an uns allen empor, bedachte uns mit Liebesbezeigungen ohne Ende, verbrachte die Nacht im Kinderzimmer und schlief, nachdem sie sich mit Schokolade, Kuchen und Hausschuhen verköstigt hatte, in Amirs Bettchen friedlich ein.

Am Morgen ging das Telefon. Es war Dragomir.

»Wie hat Hund genachtet?«

»Alles in bester Ordnung«, antwortete ich.

»Viel gebellt?«

»Ja, aber das muß man hinnehmen.« Und ich versuchte die auf meinem Schoß sitzende Franzi daran zu hindern, sich an meinem Brillengestell gütlich zu tun.

Dragomir schärfte mir ein, besonders während der ersten Abrichtungsperiode seine Vorschriften unbedingt einzuhalten. Gerade jetzt sei eiserne Disziplin das wichtigste.

»Ganz Ihrer Meinung«, bestätigte ich. »Sie können sich auf mich verlassen. Wenn ich schon soviel Geld für die Dressur unseres Hündchens ausgebe, dann will ich auch Resultate sehen. Ich bin ja nicht schwachsinnig.«

Damit legte ich den Hörer auf und entfernte das Kabel vorsichtig aus Franziskas Schnauze.

Zu Mittag stürzte Amir schreckensbleich ins Zimmer.

»Dragomir kommt!« rief das wachsame Kind. »Rasch!«

Wir wickelten Franzi aus der Pianodecke, rannten mit ihr in den Garten und banden sie an der Schiffskette fest. Als Dragomir ankam, saßen wir alle sittsam um den Mittagstisch.

»Wo ist Hund?« fragte der Staatstrainer barsch.

»Wo wird er schon sein? Natürlich dort, wo er hingehört. Im Garten. An der Kette.«

»Richtig und gut.« Dragomir nickte in bärbeißiger Anerkennung. »Nicht loslassen.«

Tatsächlich blieb Franzi bis gegen Ende unserer Mahlzeit im Garten. Erst zum Dessert holte sie Amir herein und ließ sie teilhaben an Kuchen und Früchten. Franzi war glücklich, obgleich ein wenig verwirrt. Auch während der folgenden Wochen konnte sie nur schwer begreifen, warum sie immer in solcher Eile an die Kette gebunden wurde, wenn der fremde Mann, dessen Sprache niemand verstand, auftauchte, und warum sie nach seinem Verschwinden wieder in ihre Toilette zurückgebracht wurde. Aber es klappte im ganzen nicht schlecht.

Von Zeit zu Zeit erstatteten wir Dragomir detaillierten Bericht über die Fortschritte, die wir mit seinem Dressurprogramm machten, baten ihn um allerlei Ratschläge, fragten ihn, ob wir für Franzi nicht vielleicht einen Zwinger bauen sollten (»Kein Zweck, draußen warm genug!«), und gaben ihm an jenem Dienstag, an dem Franzi unser schönstes Tischtuch zerrissen hatte, freiwillig eine Honorarzulage von fünfzig Pfund.

Am folgenden Wochenende beging Dragomir einen schwerwiegenden Fehler: er erschien unangemeldet in unserem Haus.

Die Sache war die, daß Zulu den Postboten ins Bein gebissen hatte, und Dragomir war herbeigerufen worden, um mit dem Schäferhund ein ernstes Wort zu sprechen. Dragomir machte sich die geographische Lage und unsere offene Haustür zunutze und drang ins unbewachte Kinderzimmer ein, wo er Amir und Franzi eng umschlungen vor dem Fernsehschirm beim Speisen von Popcorn vorfand.

»Das ist Garten?!« brüllte er. »Das ist Hund angebundener?!«

»Nicht bös sein, Onkel«, entschuldigte sich Amir. »Wir haben nicht gewußt, daß du kommst.«

Renana begann zu heulen, Franzi begann zu bellen, Dragomir fuhr fort zu brüllen, ich stürzte herzu und brüllte gleichfalls, meine Frau stand mit unheilvoll zusammengepreßten Lippen daneben und wartete, bis Ruhe eintrat.

»Was wünschen Sie?« fragte sie, als sähe sie Dragomir zum erstenmal.

»Ich wünschen? *Sie* wünschen! Sie wollen haben Hund zimmerrein. So nicht. So wird immer in Haus überall hinmachen!«

»Na wenn schon. Dann wische ich's eben auf. Ich, nicht Sie.«

»Aber...«, sagte Dragomir.

»Hinaus!« sagte die beste Ehefrau von allen.

Seither herrscht Ruhe in unserem Haus. Franzi frißt Pantoffel und Teppiche, wird immer dicker, und pinkelt, wohin sie will. Meine Frau läuft mit einem Aufreibtuch hinter ihr her, die Kinder klatschen vor Vergnügen in die Hände, und wir alle sind uns darüber einig, daß nichts über einen erstklassigen Rassehund geht, den man eigens aus Europa importiert hat.

Kontakt mit dem Jenseits

Vor einiger Zeit begegnete mir auf dem Heimweg Kunstetter. Wir plauderten eine Weile über die Atombombe, die Wasserstoffbombe und den bevorstehenden Weltuntergang. Dann zuckte Kunstetter die Achseln:

»Eigentlich interessiert mich das alles nicht. Ich bin Spiritist.«

Aus meinem Gesichtsausdruck muß klar hervorgegangen sein, daß ich ihn für das Opfer eines Wahnsinnsanfalls hielt, denn er zeigte sich beleidigt.

»Ihr blödsinniges Grinsen«, sagte er, »beweist mir nur, daß Sie ein vollkommener Ignorant sind. Was wissen Sie denn überhaupt von Spiritismus?«

»Nicht viel«, gestand ich. »Ein paar Leute setzen sich zusammen, beginnen mit den Geistern der Verstorbenen zu reden und verraten niemandem, wie der Schwindel zustande kommt.«

Kunstetters Gesicht verfärbte sich. Mit rauhem Griff packte er mich am Arm und schleppte mich ab. Ich protestierte leidenschaftlich, ich machte geltend, daß ich zum Medium völlig ungeeignet und überdies ein Skeptiker sei – es half nichts…

In dem kleinen Zimmer waren fünf traurige Männer und drei schläfrige Frauen versammelt. Erst nachdem er mich vorgestellt hatte, ließ Kunstetter meinen Arm los und sagte:

»Dieser Bursche glaubt nicht an…«

Er brauchte nicht weiterzusprechen. Das empörte Murren der Anwesenden nahm ihm das ab.

Einer von ihnen informierte mich, daß auch er vor fünfzehn Jahren so ein hochnäsiger Zweifler gewesen sei; aber dann hätte Rabbi Akiba bei einer Séance auf Befragen seine Telefonnummer auswendig gewußt (die des Fragestellers, versteht sich) und seither hätte er Nacht für Nacht jeden beliebigen Geist beschworen. Dadurch wäre er innerlich so gefestigt, daß die Welt, was ihn beträfe, getrost in Trümmer gehen könnte.

Ich erkundigte mich bei den Mitgliedern des Cercles, ob sie schon einmal einen wirklichen, lebendigen Geist gesehen hätten. Sie lächelten nachsichtig, etwa so, wie ein milder Vater seinem zurückgebliebenen Kind zulächelt.

Kunstetter verdunkelte das Zimmer und bedeckte den Tisch mit einem Wachstuch, auf dem sämtliche Buchstaben des Aleph-Beths, sämtliche Ziffern von 0 bis 9, einige gebräuchliche hebräische Abkürzungen, die Worte ›Ja‹ und ›Nein‹ sowie ein Fragezeichen aufgemalt waren. Dann stellte er ein leeres Glas auf den Tisch und sprach:

»Wir werden uns jetzt um den Tisch setzen und mit unseren Fingerspitzen ganz leicht das Glas berühren. Drücken ist überflüssig, denn schon nach wenigen Minuten werden wir Kontakt mit einem Geist hergestellt haben, und das Glas wird sich von selbst bewegen.«

Minutenlang saßen wir reglos im geheimnisvollen Halbdunkel. Nur die Spitzen der glimmenden Zigaretten bewegten sich wie nervöse Glühwürmer. Dann begann mein rechter Arm einzuschlafen. Ich wechselte auf den linken. »Nun?« fragte ich. »Nun?«

Ein vielfaches »Pst!« zischte mich nieder, und die Kontaktsuche ging weiter.

Eine Viertelstunde später, als meine Nerven das Schweigen nicht länger ertrugen, kam mir ein großartiger Einfall: ich stieß mit der Spitze meines Zeigefingers ganz leicht gegen das Glas. Wunder über Wunder: es bewegte sich.

»Kontakt!« verkündete Kunstetter und wandte sich an den Geist. »Sei gegrüßt in unserer Mitte, teurer Bruder. Gib uns ein Zeichen deiner Freundschaft.«

Das Glas begann zu wandern und hielt auf einer der hebräischen Abkürzungen inne. Höchste Spannung ergriff die Runde. Auch ich fühlte einen seltsamen Druck in der Magengrube.

»Danke, teurer Bruder«, flüsterte Kunstetter. »Und nun sage uns, wo du bist und wie du heißest.«

Wieder rutschte das Glas auf dem Wachstuch hin und her, um von Zeit zu Zeit auf einem bestimmten Buchstaben stehenzubleiben. Eine der Spiritistinnen setzte das Ergebnis zusammen. Es lautete:

»M-R-4-K-?-L-L-L.«

»Komischer Name«, bemerkte ich.

Kunstetter klärte mich auf: »Offenbar handelt es sich um einen Spion. Spione haben immer chiffrierte Namen, damit man sie nicht erkennt.« Sodann nahm er das Gespräch mit dem Geist des Spions wieder auf:

»Aus welchem Land kommst du, teurer Bruder?«

Das Glas zögerte einen Augenblick, dann entschloß es sich zu einer Art Pendelverkehr zwischen zwei Buchstaben: »B-L-B-L-B-L.«

»Der arme Kerl scheint ein Stotterer zu sein«, stellte Kunstetter fest. »Aber es ist klar, daß er aus Belgien kommt.«

»Wieso spricht er dann hebräisch?« fragte ich.

»Teurer Bruder!« Aus Kunstetters Stimme zitterte unterdrückter Ärger. »Sprichst du hebräisch?«

Unverzüglich sprang das Glas auf ›Nein‹. Es war eine sehr peinliche Situation, die Kunstetter nur dadurch zu bereinigen wußte, daß er den Geist kurzerhand entließ.

»Danke, teurer Bruder. Komm wieder, wenn du hebräisch sprechen kannst. In der Zwischenzeit sende uns jemand anders...«

Der Geist machte sich eilends davon, und die Kontaktsuche nahm ihren grimmigen Fortgang. Kunstetter fragte, mit wem wir jetzt am liebsten sprechen würden. Ich beantragte Moses, vor allem deshalb, weil er des Hebräischen mächtig war. Mein Vorschlag wurde aus Gründen der Pietät abgelehnt. Schließlich einigten wir uns auf Moses' Bruder Aaron, legten unsere Finger an den Rand des Glases und warteten.

Um diese Zeit war ich bereits mit den meisten wissenschaftlichen Grundlagen des Spiritismus vertraut. Blitzartig hatte mich die Erkenntnis überkommen, daß das Glas sich nur bewegte, wenn es geschoben wurde. Warum sollte sich auch ein ganz gewöhnliches Wasserglas ohne fremde Hilfe bewegen? Ein Glas ist ein Glas und kein Ringelspiel. Um die ganze Wahrheit zu sagen: das Eingeständnis des Spions, daß er nicht hebräisch spräche, war mein Werk gewesen. Und? Gibt es vielleicht ein Gesetz gegen gute Medien?

Als ich meinen rechten Arm kaum noch spürte, erschien Aaron. Er begrüßte uns regelrecht auf der entsprechenden hebräischen Abkürzung und erklärte sich zu jeder Mitarbeit bereit.

»Woher kommst du, teurer Bruder?« fragte Kunstetter mit begreiflicher Erregung (sprach er doch zu einem nahen Verwandten unseres Lehrers Moses).

Das Glas vollzog die Antwort S-I-N-A-I. Es waren erhabene Augenblicke. Wir wagten kaum zu atmen. Eine der Frauen kreischte auf, weil sie über dem Blumentopf einen grünlichen Schimmer gesehen hatte. Nur Kunstetter blieb ruhig:

»Die richtige Antwort überrascht mich nicht«, sagte er. »So ist es immer, wenn wir einen vollkommenen Kontakt hergestellt haben… Teurer Bruder!« wandte er sich an Aarons Geist. »Sage uns, welche Juden dir die liebsten sind!«

Unter lautloser Stille kam Aarons Antwort:

»D-A-V-I-D… J-U-D-A M-A-K-K-A-B-I… B-E-N G-U-R-I-O-N… E-P-H-R-A-I-M K-I-S-H-O-N…«

Zornige Blicke trafen mich, als wäre es meine Schuld, daß Aaron gerne gute Satiren las. Die Finger schmerzten mich, denn Kunstetter hatte durch außerordentlich starken Gegendruck die für mich so schmeichelhafte Äußerung Aarons zu hintertreiben versucht.

Jetzt war die Reihe an mir.

»Aaron, mein teurer Bruder«, fragte ich, »glaubst du an Spiritismus?«

Kein Geist sah jemals solchen Streit der Finger. Meine Handmuskeln sind nicht die schwächsten, aber Kunstetter leistete verzweifelten Widerstand. Selbst im Halbdunkel konnte ich sehen, wie sein Gesicht purpurrot anlief – mit solcher Anstrengung wollte er eine negative Antwort des Geistes verhindern. Denn ein Geist, der nicht an Spiritismus glaubt, wäre ja wirklich kein Geist.

Ich war entschlossen, nicht nachzugeben, und sollte es mein Handgelenk kosten. Mit übermenschlicher Kraft drückte ich das Glas in die Richtung ›Nein‹, während Kunstetter es zum ›Ja‹ hinmanövrieren wollte.

Minutenlang tobte der stumme Kampf im Niemandsland des Fragezeichens. Dann brach das Glas entzwei.

»Der Geist ist böse«, sagte jemand. »Kein Wunder bei solchen Fragen.«

Kunstetter massierte sich die verkrampften Finger und haßte mich. Ich wollte wissen, ob ich eine Frage stellen könnte, deren Antwort nur mir allein bekannt wäre. Kunstetter bejahte widerwillig und warf ein frisches Glas in den Ring.

»Was hat mir mein Onkel Egon zur Bar-Mizwah geschenkt?« fragte ich.

»Teurer Bruder Egon, gib uns ein Zeichen!« Kunstetters Stimme klang flehentlich in die Dunkelheit. »Erscheine, Onkel Egon! Erscheine!«

Ich zog meine Hand zurück, um nicht verdächtigt zu werden, daß ich den Gang der Ereignisse beeinflusse.

Und dann geschah es. Nach einigen Minuten erschien Onkel Egons Geist, das Glas bewegte sich, und die Antwort lautete: »P-I-N-G-P-O-N-G.«

Draußen auf dem Balkon kam ich wieder zu mir. Der triumphierende Kunstetter flößte mir gerade ein drittes Glas Brandy ein.

Tatsächlich: an meinem dreizehnten Geburtstag, zur Feier meiner Mannwerdung, hatte ich von Onkel Egon ein Ping-Pong geschenkt bekommen.

Schweißgebadet verließ ich die Séance. Ich kann mir das alles bis heute nicht erklären. Auch Onkel Egon, der in Jaffa lebt und sich bester Gesundheit erfreut, weiß keine Antwort.

Durch den Kakao gezogen

Amir, unser rothaariger Tyrann, ißt nicht gerne und hat niemals gerne gegessen. Wenn er überhaupt kaut, dann nur an seinem Schnuller.

Erfahrene Mütter haben uns geraten, ihn hungern zu lassen, das heißt: wir sollten ihm so lange nichts zu essen geben, bis er reumütig auf allen vieren zu uns gekrochen käme. Wir gaben ihm also einige Tage lang nichts zu essen, und davon wurde er tatsächlich so schwach, daß wir auf allen vieren zu ihm gekrochen kamen, um ihm etwas Nahrung aufzudrängen.

Schließlich brachten wir ihn zu einem unserer führenden Spezialisten, einer Kapazität auf dem Gebiet der Kleinkind-Ernährung. Der weltberühmte Professor warf einen flüchtigen Blick auf Amir und fragte, noch ehe wir eine Silbe geäußert hatten:

»Ißt er nicht?«

»Nein.«

»Dabei wird's auch bleiben.«

Nach einer kurzen Untersuchung bestätigte der erfahrene Fachmann, daß es sich hier um einen völlig aussichtslosen Fall handelte. Amirs Magen besaß die Aufnahmefähigkeit eines Vögleins. Die finanzielle Aufnahmefähigkeit des Professors war ungleich größer. Wir befriedigten sie.

Seither versuchen wir mehrmals am Tag, Amir mit Gewalt zu füttern, ganz im Geiste jenes Bibelworts, das da lautet: »Im Schweiße deines Angesichts sollst du dein Brot essen.« Ich muß allerdings gestehen, daß weder ich selbst noch die beste Ehefrau von allen die für solche Betätigung erforderliche Geduld aufbringen.

Zum Glück hat sich mein Schwiegervater der Sache angenommen und seinen ganzen Ehrgeiz dareingesetzt, Amir zur Nahrungsaufnahme zu bewegen. Er erzählt ihm phantastische Geschichten, über die Amir vor Staunen den Mund aufreißt – und dabei vergißt er, daß er nicht essen will. Ein genialer Einfall, aber leider keine Dauerlösung.

Eines der Hauptprobleme hört auf den Namen ›Kakao‹. Dieses nahrhafte, von Vitaminen und Kohlehydraten strotzende Getränk ist für Amirs physische Entwicklung unentbehrlich. Deshalb schließt Großpapa sich abends mit Amir im Kinderzimmer ein, und wenn er nach einigen Stunden erschöpft und zitternd herauskommt, kann er stolz verkünden:

»Heute hat er's schon fast auf eine halbe Tasse gebracht.«

Die große Wendung kam im Sommer. Eines heißen Abends, als Großpapa das Kinderzimmer verließ, zitterte er zwar wie gewohnt, aber diesmal vor Aufregung:

»Denkt euch nur – er hat die ganze Tasse ausgetrunken!«

»Nicht möglich!« riefen wir beide. »«Wie hast du das fertiggebracht?«

»Ich hab' ihm gesagt, daß wir Pappi hineinlegen werden.«

»Wie das? Bitte sei etwas deutlicher.«

»Ich hab' ihm gesagt: Wenn er brav austrinkt, füllen wir nachher die Tasse mit lauwarmem Leitungswasser und erzählen dir, daß Amir schon wieder alles stehengelassen hat. Daraufhin wirst du wütend und machst dich selbst über die volle Tasse her. Und dann freuen wir uns darüber, daß wir dich hineingelegt haben.«

Ich fand diesen Trick ein wenig primitiv. Auch

halte ich es in pädagogischer Hinsicht für verfehlt, wenn ein Vater, der ja schließlich eine Respektsperson sein soll, sich von seinem eigenen Kind zum Narren machen läßt. Erst auf mütterlichen Druck (»Hauptsache, daß der Kleine seinen Kakao trinkt«) entschloß ich mich, auf das Spiel einzugehen. Großpapa begab sich ins Badezimmer, füllte den Becher mit lauwarmer Flüssigkeit und hielt ihn mir hin:

»Amir hat schon wieder keinen Tropfen getrunken!«

»Das ist ja unerhört!« schrie ich in hervorragend gespielter Empörung. »Was glaubt der Kerl? Er will diesen herrlichen Kakao nicht trinken? Gut, dann trink' ich ihn selbst!«

Amirs Augen hingen erwartungsvoll glitzernd an meinem Mund, als ich den Becher ansetzte. Und ich täuschte seine Erwartung nicht:

»Pfui Teufel!« rief ich nach dem ersten Schluck. »Was ist das für ein abscheuliches Gesöff? Brrr!«

»Reingefallen, reingefallen!« jauchzte Amir, tat einen Luftsprung und konnte sich vor Freude nicht fassen. Es war ein wenig peinlich – aber, um seine Mutter zu zitieren: »Hauptsache, daß er seinen Kakao trinkt.«

Am nächsten Tag war's die gleiche Geschichte: Opa brachte mir einen Becher Leitungswasser, Amir hat nichts getrunken, was glaubt der Kerl, herrlicher Kakao, pfui Teufel, brrr, reingefallen, reingefallen. Und von da an wiederholte sich die Prozedur Tag für Tag.

Nach einiger Zeit funktionierte sie sogar ohne Großpapa. Amirs Entwicklung macht eben Fortschritte. Jetzt kommt er schon selbst mit dem Leitungswasserbecher, unerhört, herrlicher Kakao, pfui Teufel, reingefallen, Luftsprung ...

Mit der Zeit begann ich mir Sorgen zu machen:
»Liebling«, fragte ich meine Frau, »ist unser Kind vielleicht dumm?«

Es war mir nämlich nicht ganz klar, was sich in seinem Kopf abspielte. Vergaß er jeden Abend, was am Abend zuvor geschehen war? Hielt er mich für schwachsinnig, daß ich seit Monaten demselben Trick aufsaß?

Die beste Ehefrau von allen fand wie immer die richtigen Trostworte: Was der Kleine denkt, ist unwichtig, wichtig ist, was er trinkt.

Es mochte ungefähr Mitte Oktober sein, als ich – vielleicht aus purer Zerstreutheit, vielleicht aus unterschwelligem Protest – die üble Flüssigkeit ohne jedes ›unerhört‹ und ›brrr‹ direkt in die Toilette schüttete.

Das sehen und in Tränen ausbrechen, war für Amir eins:

»Pfui, Pappi«, schluchzte er. »Du hast ja nicht einmal gekostet.«

Jetzt war es mit meiner Selbstbeherrschung vorbei:
»Ich brauche nicht zu kosten«, herrschte ich meinen Nachkommen an. »Jeder Trottel kann sehen, daß es nur Wasser ist.«

Ein durchdringender Blick Amirs war die Folge:
»Lügner«, sagte er leise. »Warum hast du dann bisher immer gekostet?«

Das war die Entlarvung. Amir wußte, daß wir Abend für Abend ein idiotisches Spiel veranstalteten. Wahrscheinlich hatte er's von allem Anfang an gewußt.

Unter diesen Umständen bestand keine Notwendigkeit mehr, die lächerliche Prozedur fortzusetzen.

»Doch«, widersprach die beste Ehefrau von allen. »Es macht ihm Spaß. Hauptsache, daß er...«

Im November führte Amir eine kleine Textänderung ein. Wenn ich ihn bei der Überreichung des Bechers fragte, warum er seinen Kakao nicht getrunken hätte, antwortete er:

»Ich habe nicht getrunken, weil das kein Kakao ist, sondern Leitungswasser.«

Eine weitere Erschwerung trat im Dezember auf, als Amir sich angewöhnte, die Flüssigkeit vor der Kostprobe mit dem Finger umzurühren. Die Zeremonie widerte mich immer heftiger an. Schon am Nachmittag wurde mir übel, wenn ich mir vorstellte, wie das kleine, rothaarige Ungeheuer am Abend mit dem Leitungswasser angerückt kommen würde. Alle anderen Kinder trinken Kakao, weil Kinder eben Kakao trinken. Nur mein eigenes Kind ist mißraten...

Gegen Ende des Jahres geschah etwas Rätselhaftes. Ich weiß nicht, was da in mich gefahren war: an jenem Abend nahm ich aus meines Sohnes Hand den Becher entgegen – und statt den eklen Sud in weitem Bogen auszuspucken, trank ich ihn bis zur Neige. Ich erstickte beinahe, aber ich trank.

Amir stand entgeistert daneben. Als die Schrecksekunden vorüber waren, schaltete er höchste Lautstärke ein:

»Wieso?« schrillte er. »Warum trinkst du das?«

»Was heißt da Warum und Wieso?« gab ich zurück. »Hast du mir nicht gesagt, daß du heute keinen Tropfen Kakao getrunken hast? Und hab' ich dir nicht gesagt, daß ich den Kakao dann selbst trinken werde? Also?«

In Amirs Augen funkelte unverkennbarer Vaterhaß. Er wandte sich ab, ging zu Bett und weinte die ganze Nacht.

Es wäre wirklich besser gewesen, die Komödie

vom Spielplan abzusetzen. Aber davon wollte meine Frau nichts wissen:

»Hauptsache«, erklärte sie, »daß er seinen Kakao trinkt.«

So vollzog sich denn das Kakao-Spiel erbarmungslos Abend für Abend, immer zwischen sieben und halb acht...

Als Amir seinen fünften Geburtstag feierte, ergab sich eine kleine Zeitverschiebung. Wir hatten ihm erlaubt, ein paar seiner Freunde einzuladen, mit denen er sich unter Mitnahme des Bechers ins Kinderzimmer zurückzog. Gegen acht Uhr wurde ich ungeduldig und wollte ihn zwecks Abwicklung des Rituals herausrufen. Als ich mich der Tür näherte, hörte ich ihn sagen:

»Jetzt muß ich ins Badezimmer gehen und lauwarmes Wasser holen.«

»Warum?« fragte sein Freund Gilli.

»Mein Pappi will es so haben.«

»Warum?«

»Weiß nicht. Jeden Abend dasselbe.«

Der gute Junge – in diesem Augenblick wurde es mir klar – hatte die ganze Zeit geglaubt, daß *ich* es sei, der das Kakao-Spiel brauchte. Und er hat nur um meinetwillen mitgespielt.

Am nächsten Tag zog ich Amir an meine Brust und ins Vertrauen:

»Sohn«, sagte ich, »es ist Zeit, von diesem Unsinn zu lassen. Schluß mit dem Kakao-Spiel! Wir wissen beide, woran wir sind. Komm, laß uns etwas anderes erfinden.«

Das Schrei- und Heulsolo, das daraufhin einsetzte, widerhallte im ganzen Wohnviertel. Und was ich erst von meiner Frau zu hören bekam!

Die Ensuite-Vorstellung geht weiter. Es gibt keine

Rettung. Manchmal ruft Amir, wenn die Stunde da ist, aus dem Badezimmer: »Pappi, kann ich dir schon das Leitungswasser bringen?«, und ich beginne daraufhin sofort meinen Teil des Dialogs herunterzuleiern, unerhört, herrlicher Kakao, pfui Teufel, brrr ... Es ist zum Verzweifeln. Als Amir eines Abends ein wenig Fieber hatte und im Bett bleiben mußte, ging ich selbst ins Badezimmer, füllte meinen Sud in den Becher und trank ihn aus.

»Reingefallen, reingefallen«, rief Amir durch die offene Türe.

Seit neuestem hat er meinen Text übernommen. Wenn er mit dem gefüllten Becher aus dem Badezimmer herauskommt, murmelt er vor sich hin:

»Amir hat schon wieder keinen Tropfen getrunken, das ist ja unerhört, was glaubt der Kerl ...« und so weiter bis brrr.

Ich komme mir immer überflüssiger vor in diesem Haus. Wirklich, wenn es nicht die Hauptsache wäre, daß Amir seinen Kakao trinkt – ich wüßte nicht, wozu ich überhaupt gut bin.

Flüssiger Ablauf einer politischen Karriere

Bis zu den letzten Wahlen, die den rechtsgerichteten Likudblock unter Führung Begins an die Macht brachten, galt der Knesset-Abgeordnete Elieser Gurnischt als zuverlässiger, ja geradezu unerschütterlicher Parteigänger des Likud. Daß seine konservative Haltung der Öffentlichkeit kaum bekannt war, hatte einen einfachen Grund: er selbst war nämlich der Öffentlichkeit kaum bekannt. Selbst im politischen Bereich gab es nur wenige, die von seiner Existenz wußten. Ein einziges Mal hatte er sich in der Knesset zu Wort gemeldet und eine längere Rede gegen die allgemeine nationale Indifferenz gehalten, aber der Zufall wollte es, daß sich das Haus gerade zu dieser Zeit leerte, sogar der Parlamentssprecher ging hinaus, um eine Zigarette zu rauchen, und die Fernsehtechniker befanden sich noch immer im Streik.

Als Gurnischt am folgenden Tag im Likud-Parteihaus erschien – wie immer äußerst korrekt gekleidet, dunkler Anzug, weißes Hemd, diskrete Krawatte, ganz im Stil seines verehrten Parteiführers Begin – hatte er das Pech, daß ihn der Generalsekretär der Partei bemerkte. »Wer ist das?« fragte er seinen Gesprächspartner. »Einer unserer Abgeordneten«, lautete die Antwort. »Sitzt seit sieben Legislaturperioden in der Knesset. Mehr weiß man nicht von ihm.«

Gurnischt, bisher auf Rang 43 der Wahlliste des Likud, wurde für die nächsten Wahlen auf Rang 77 abgeschoben. Das Ende seiner politischen Laufbahn schien gekommen.

Und dann passierte die Sache mit der Suppe.

Sie passierte eines Samstags in einem Restaurant, wo Gurnischt mit einigen Gefährten aus der untersten Parteischublade das Abendessen einnahm. Alle, wie sie da saßen und ihre Hühnersuppe löffelten, zeigten sich höchst besorgt über die jüngste demoskopische Umfrage, der zufolge die Chancen der regierenden Arbeiterpartei ständig wuchsen.

Um das Thema zu wechseln, richtete einer aus der Tischrunde an Gurnischt die Frage, ob auch er ein Bankkonto im Ausland unterhalte. Gurnischt erschrak so heftig, daß ihm der Löffel aus der Hand und in den Teller fiel, von wo ihm eine kleinere Portion Hühnersuppe, garniert mit zwei Nudeln, auf die makellose Krawatte spritzte. Seine Versuche, dem Malheur durch Reiben mit der Serviette beizukommen, hatten lediglich zur Folge, daß der Fleck sich immer mehr ausbreitete. Gurnischt gab auf, entledigte sich der Krawatte, steckte sie in die Tasche und öffnete aus Bequemlichkeitsgründen den obersten Knopf seines weißen Hemds. Dann fuhr er fort, seine Suppe zu löffeln und zwischendurch feindselige Bemerkungen über die Linkskoalition zu machen.

In diesem Augenblick öffnete sich die Türe. Jakov Slutschkovsky, Mitglied der Knesset und Säule der Arbeiterpartei, betrat das Restaurant, gefolgt von seiner ständigen Entourage und einigen Journalisten. Während er nach einem freien Tisch Ausschau hielt, fiel sein Blick auf den offenen Hemdkragen, der zu Elieser Gurnischts weißem Hemd gehörte und aus den bürgerlichen Krawatten ringsum wie ein Leuchtfeuer hervorschien.

Slutschkovsky, Routinier und Ränkeschmied der er war, nahm sofort Witterung. Ein Mann der Rechten mit offenem Hemd, dem traditionellen Habitus der Linksparteien – was hatte das zu bedeuten? fragte er zuerst sich und dann seine Gefolgschaft.

Vielleicht sei dieser Gurnischt gar nicht so konservativ, wie man glaubte, meinte einer.

Ein anderer vertrat die Ansicht, daß der Likud sich volkstümlich geben wolle.

»Nichts von alledem«, entschied Slutschkovsky. »Die Rechte wird nervös, das ist es. Wir müssen ihre Nervosität weiter anheizen.«

Und er schritt geradewegs auf Gurnischt zu, um ihm mit einem leutseligen »Wie geht's denn immer, mein lieber Gurnschik?« kameradschaftlich die Hand zu schütteln.

Die am Tisch Sitzenden glotzten. Sie konnten sich Sinn und Ursache dieser plötzlichen Freundschaftsdemonstration nicht erklären.

Gurnischt, der das ebensowenig konnte, beschränkte sich auf ein undurchdringliches Lächeln. Zu Hause angelangt, übergab er seiner Frau – immer noch lächelnd – die fleckige Krawatte.

»Stille Wasser sind tief«, sagte er.

»Und du hast zwei linke Hände«, sagte seine Frau.

Es waren nicht nur seine Hände, die mit dem Begriff ›links‹ in Zusammenhang gebracht wurden. Am nächsten Morgen – die anwesenden Journalisten hatten dafür gesorgt – las man in der Presse von einer beginnenden Annäherung der Linkskoalition an den vom Abgeordneten Gurnischt geführten Flügel des Likud. Prompt wurde Gurnischt daraufhin vom Generalsekretär seiner Partei zu einem Gespräch eingeladen – übrigens das erstemal seit der Staatsgründung, daß er überhaupt von jemandem eingeladen wurde. Was es mit diesen Kontakten nach links auf sich hätte, wollte der Generalsekretär wissen.

»Ich bitte Sie«, replizierte Gurnischt und wurde vor lauter Bescheidenheit um zwei Köpfe kleiner. »Welche Kontakte kann ein Kandidat mit der Wahllistennummer 77 schon haben?«

»Soll das heißen, daß Sie Ihren Platz auf unserer Wahlliste für aussichtslos halten?«

»Jawohl, genau das soll es heißen!«

In einem plötzlichen Anfall von Selbstbehauptung machte sich Gurnischt Luft: über die Unfähigkeit der Parteiführung, über die interne Cliquenwirtschaft und über all die vielen Mängel und Fehler, die es nicht gäbe, wenn Männer wie er auf der Wahlliste am richtigen Platz stünden. Der Generalsekretär wackelte betreten mit dem Kopf. Er werde sehen, was sich da machen ließe, sagte er.

Als nächstes rief die Säule Slutschkovsky an und schlug eine private Zusammenkunft vor. Sie fand im Säulenheim statt, unter allen Anzeichen wichtigtuerischer Geheimhaltung und betont formlos. Gurnischt erschien in Leinenhosen und offenem Sommerhemd, was sein Gastgeber mit sichtlicher Befriedigung zur Kenntnis nahm.

»Wir haben Ihre Integrität seit jeher bewundert, lieber Gurnschik«, stellte er einleitend fest. »Und wir respektieren Ihre ideologisch-pragmatische Einstellung zu den Problemen der arbeitenden Bevölkerung.«

Es war, wie man so sagt, ein konstruktives Gespräch von Anfang an. In freundschaftlichem Klima, wie man so sagt.

»Ich war immer ein sozial denkender Mensch«, betonte Gurnischt. »Fragen Sie unsere Putzfrau.«

Auch seiner Wertschätzung für den Führer der Arbeiterpartei gab er beredten Ausdruck. Gewiß, er stimme nicht in allen Punkten mit ihm überein – aber man müsse ihm lassen, daß er eine bedeutende Persönlichkeit sei. »Es wäre durchaus denkbar, daß ich aus dieser Tatsache unter Umständen auch politische Konsequenzen ziehe«, schloß er.

Slutsch, wie seine Freunde ihn nannten, berichtete am nächsten Tag der Parteizentrale, daß man hier vielleicht eine Bresche in den Rechtsblock schlagen könnte.

»Schlagen Sie«, sagte die Zentrale.

Der Generalsekretär des Likud bekam Wind von der Sache, berief Gurnischt zu sich und bot ihm den 57. Platz auf der Wahlliste an, als Gegenleistung für eine eindeutige Erklärung in den Massenmedien, mit der Gurnischt allen Gerüchten über seinen Flirt mit der Arbeiterpartei und über die Bildung einer nach links tendierenden Splittergruppe ein für allemal ein Ende setzen sollte.

»Es ist mein heiliger Grundsatz, daß man seine Überzeugung nicht um eines persönlichen Vorteils willen aufgeben darf«, ließ Gurnischt sich vernehmen.

»Etwas anderes« – und mit diesen Worten entließ ihn der Generalsekretär – »haben wir von einem Mann, der auf unserer Wahlliste den 40. Platz innehat, auch nicht erwartet.«

Unterdessen beschäftigten sich die Zeitungen immer ausführlicher mit der Geheimsitzung im Hause Slutschkovskys. Überschriften wie: ›Spaltet Gurnischt den Likud?‹ oder: ›Gurnischt auf Zickzackweg nach links‹ veranlaßten schließlich die Parteiführung, dem Unbotmäßigen ein geharnischtes Ultimatum zu stellen: »Entweder«, so hieß es, »brechen Sie Ihre Kontakte zur Linkskoalition ab, oder wir müßten Ihnen Platz 32 auf unserer Wahlliste wieder entziehen.«

Jetzt endlich besann sich Gurnischt auf seine Parteidisziplin, was ihn jedoch nicht hinderte, weiterhin mit offenem Hemdkragen in der Öffentlichkeit zu erscheinen und seinem Freund Slutschkovsky, wenn er ihm in einem Restaurant oder sonstwo begegnete, herzlich zuzuwinken. Seine politische Zukunft scheint in jedem Fall gesichert.

Es dürfte der erste Fall in der Geschichte des Parlamentarismus sein, daß eine Persönlichkeit des politischen Lebens unter der Einwirkung von Hühnersuppe Sozialist wurde.

Ein Ei, das keinem andern gleicht

Gestern ließ mein Wagen deutliche Anzeichen von Unwohlsein erkennen. Ich tat, was in solchen Fällen jeder Autofahrer tut, um sich als solcher zu legitimieren: ich klappte die Kühlerhaube hoch, besichtigte mit durchdringendem Kennerblick die Innereien des Motors, klappte die Kühlerhaube wieder zu und brachte den Wagen zu seinem Lieblingsmechaniker. Dann ging ich zur nächsten Bushaltestelle.

Unterwegs freute ich mich des schönen Wetters, das ich in dieser Form sonst wohl nicht hätte genießen können. Wie man sieht, hat es auch seine Vorteile, wenn der Wagen einmal in der Zeit zusammenbricht. Plötzlich kam mir Tante Ilka entgegen. Es hat eben auch alles seine Nachteile. Sie trug eine Einkaufstasche, aus der ein Karton mit großen, weißen Eiern bedrohlich hervorstand.

»Das sind aber schöne Eier«, sagte ich. Irgend etwas muß man ja schließlich zu Tante Ilka sagen.

»Nicht wahr«, bekräftigte sie stolz. »Nimm dir doch eines!«

Tante Ilka ist seit den ersten Seiten dieses Buches noch älter geworden, und ihre Geisteskräfte lassen nach. Ich versuchte alle möglichen Ausflüchte, mußte jedoch alsbald erkennen, daß es besser wäre, das mir angebotene Ei zu nehmen, als den Bus zu versäumen. Ich nahm das Ei und verabschiedete mich. Da ein erwachsener Mensch, der mit einem Ei in der Hand einhergeht, auf seine Umwelt einen eher befremdlichen Eindruck macht, ließ ich das Ei in meine Aktentasche gleiten.

War schon das ein schwerer Fehler, so beging ich einen noch schwereren, indem ich – nach einer Viertelstunde Wartens auf den Bus und nach all der Drängelei im Wageninnern – völlig vergaß, daß sich in meiner Aktentasche ein rohes Ei befand.

Ein Geräusch wie von leisem Splittern erinnerte mich daran.

Ich steckte meine Hand in die Aktentasche, wo sie auf etwas Klebriges auftraf. Als ich sie wieder hervorzog, war sie von kränklich gelber Färbung. Ich versuchte sie mit dem anderen Ärmel abzuwischen, denn ich besitze glücklicherweise zwei Ärmel, und nannte daraufhin außer einer gelben Hand auch noch

einen gelben Ärmel mein eigen. Der Versuch, mit dem Taschentuch in der gelben Hand den gelben Ärmel zu säubern, zeitigte das Ergebnis, daß nunmehr der größere Teil meiner äußeren Erscheinung gelb war. In meiner rechten Hosentasche mußte sich desgleichen ein wenig Gelb angesiedelt haben.

Schüchtern wie ich bin, hatte ich alle diese Operationen so unauffällig wie möglich durchgeführt und nahm an, daß niemand etwas davon bemerkt hätte.

»Es tropft!« hörte ich dicht hinter mir eine ungehaltene Männerstimme.

Offenbar war Tante Ilkas Original-Ei durch die Nähte der Aktentasche hindurchgesickert und tropfte jetzt auf die wunderschönen, hocheleganten Schlangenlederhalbschuhe meines Hintermanns.

»Was ist das, zum Teufel?« fauchte er und rieb das Schlangenleder mit seinem Handschuh ab.

»Es ist ein Ei«, antwortete ich wahrheitsgemäß. »Entschuldigen Sie, bitte.«

Der Mann tat mir von Herzen leid. Das Ei ließ ihn eine ähnliche Skala der Pein durchlaufen wie vorher mich: vom Schlangenleder zum Handschuh, vom ersten Handschuh zum zweiten, vom zweiten Handschuh zum Taschentuch und vom Taschentuch – dies allerdings schon ohne Absicht – an die scharf hervorspringende Nase einer knochigen Dame, die unter lautem Gackern die Eierspuren mit ihrem Seidenschal wegzuputzen begann. Nun sind Eierspuren bekanntlich sehr klebefreudig, so daß auf dem Schal binnen kurzem ein anmutiges Dottermuster sichtbar wurde. Die Knochige, immer noch gackernd, hielt den Schal zwischen Daumen und Zeigefinger weit von sich weg.

»Ruhe!« Es klang autoritativ und befehlsgewohnt von links. »Alles bleibt ruhig! Keine Bewegung!«

Höchste Zeit, daß jemand das Kommando übernahm. Vielleicht war es ein General der Reserve. Die Fahrgäste nahmen Haltung an.

Schon machte ich mir Hoffnungen, daß das Schlimmste vorbei wäre, als ich einen unwiderstehlichen Drang zum Niesen verspürte.

Ich mußte ihm nachgeben und griff instinktiv nach meinem Taschentuch.

Rings um mich entstand Panik.

»Rühren Sie mich nicht an!« kreischte eine dicke Frauensperson, als hätte ich mich ihr unsittlich genähert. Auch die übrigen Fahrgäste gingen in feindselige Distanz. Allmählich kam ich mir wie ein Aussätziger vor.

»Hören Sie, Mann«, sagte der General, der mit seinen zwei gelben Streifen auf der Stirne wie ein indianischer Medizinmann aussah. »Möchten Sie nicht den Bus verlassen?«

»Fällt mir nicht ein!« gab ich wagemutig zurück. »Ich habe noch drei Stationen zu fahren.«

Aber die Menge schlug sich auf die Seite des Generals und brach in laute Aufmunterungsrufe aus, als er – vom Schlangenleder unterstützt – Anstalten traf, mich gewaltsam aus dem Bus zu befördern. Wieder einmal stand ich allein gegen die öffentliche Meinung.

Da schritt ich zur Tat. Blitzschnell tauchte ich meine Hände in die Aktentasche, erst die rechte, dann die linke, und hielt sie tropfend hoch:

»So, jetzt könnt ihr mich hinauswerfen!« rief ich.

Murrend wich der Mob zurück. Ich hatte den Wagen in meiner Gewalt. Gebt mir einen Korb mit rohen Eiern, und ich erobere die Welt.

Aus der Schar der angstvoll Zusammengedrängten ertönten zaghafte Stimmen:

»Bitte, lieber Herr«, baten sie. »Würden Sie so gut sein und wenigstens die Aktentasche wegtun? Bitte!«

»Na schön. Warum nicht.«

An meine Großmut hat noch niemand vergebens appelliert. Ich bückte mich nach der Aktentasche.

In diesem Augenblick fuhr der Bus in ein Schlagloch.

Im Vergleich zu dem, was nun folgte, nahm sich eine Slapstickposse aus Stummfilmzeiten wie ein klassisches Trauerspiel aus. Ich sprang ab und überließ den Bus seiner klebrigen Weiterfahrt.

»Guter Gott!« Die beste Ehefrau von allen schüttelte fassungslos den Kopf, als ich zu Hause eintrat. »Was ist geschehen?«

»Tante Ilka«, sagte ich, stürzte ins Badezimmer und blieb eine halbe Stunde lang unter der Dusche, voll bekleidet, mit Aktentasche.

Auf die alte Frage, ob zuerst das Ei da war oder die Henne, weiß ich auch heute keine Antwort. Ich weiß nur, daß ich in einem öffentlichen Verkehrsmittel lieber mit einer Henne fahren würde als mit einem Ei.

Dem Jodeln eine Gasse

Kurz vor Ablauf der Sendezeit fragte mich der Interviewer von Radio Zürich, ob meiner Meinung nach nicht gewisse Ähnlichkeiten zwischen der Schweiz und Israel bestünden. Ich antwortete, daß es nicht nur gewisse, sondern sehr viele solcher Ähnlichkeiten gäbe, zumal was die Nachbarn unserer beiden Länder beträfe. Damit war der diesbezügliche Gedankenaustausch erschöpft, und es galt jetzt nur noch einen würdigen Abschluß des Interviews zu finden.

»Es ist üblich«, verkündete der Interviewer, »daß der von uns interviewte Gast seine Lieblings-Schallplatte nennt, mit der wir unsere Sendung ausklingen lassen. Darf ich bitten, Herr Kishon?«

Das kam mir völlig überraschend. Außerdem habe ich keine Lieblings-Schallplatte, weil ich überhaupt keine Schallplatten liebe. Ich liebe meine Familie. Aber da eine Rundfunksendung nicht gut mit Familie ausklingen kann, mußte ich dem Interviewer irgendeine Musik angeben.

Zuerst dachte ich an eines dieser pseudo-israelischen Volkslieder oder israelischen Pseudo-Volkslieder, die uns zu Hause immer so entsetzlich auf die Nerven gehen. Aber das wagte ich nicht. Und da ich nun schon bei der Folklore hielt, überkam mich eine geniale Eingebung, die zugleich ein Kompliment an mein freundliches Gastland bedeutete. Frohgemut wandte ich mich an den Interviewer:

»Am liebsten höre ich das berühmte Schweizer Jodeln!«

Der Interviewer sah mich an, zuckte die Achseln

und geleitete mich hinaus. Beim Verlassen des Funkhauses hörte ich aus den Lautsprechern die markigen Klänge älplerischer Sangesfreude. Sie führten mir wieder einmal vor Ohren, daß ich kein Freund des Jodelns bin, weil es mich an meine Knabenzeit erinnert, genauer: an die Zeit meines Stimmbruchs.

Aber man will ja nicht unhöflich sein.

In meinem Hotel erwartete mich ein mir unbekannter Mann in einer mir unbekannten, jedoch eindeutig schweizerischen Uniform, fragte zuerst nach meinem Namen und fragte sodann:

»Womit haben wir das verdient, Herr Kishon?«

»Was?« fragte ich verständnislos zurück.

»Was Sie uns angetan haben. Auch meine Frau war vollkommen außer sich. ›Geh zu diesem Herrn hin‹, sagte sie mir, ›und mach ihm klar, daß wir diese Beleidigung niemals vergessen werden. Niemals!‹«

Damit drehte er sich um und verließ mich grußlos.

Ich suchte mein Zimmer auf. Zwischen dem dritten und vierten Stock begann mich der schon ein wenig betagte Liftboy zu mustern:

»Sind das Sie, der diese Jodelplatte bestellt hat?«

»Ja. Warum?«

Der betagte Liftboy gab mir keine Antwort. Nur sein Antlitz bedeckte sich mit Zornesröte.

In meinem Zimmer angelangt, rief ich den besten Freund an, den ich in Zürich hatte:

»Oscar, ich wurde soeben im Zürcher Radio interviewt. Als mich der Interviewer fragte, welche Musik ich zum Abschluß hören möchte, bestellte ich eine Jodelplatte...«

Am andern Ende des Drahtes herrschte Stille. Sie dauerte mindestens eine Minute. Dann flüsterte mein Freund Oscar:

»Bleib im Hotel. Ich komme sofort zu dir.«

Noch bevor Oscar eintraf, ging das Telefon. Jemand wollte wissen, ob ich derjenige sei. Als ich bejahte, spuckte er hörbar in die Muschel.

Oscar betrat totenbleich mein Zimmer und schloß die Tür hinter sich.

»Meine Frau weiß nicht, daß ich hier bin... Um Himmels willen, wie konntest du!«

»Es muß ein plötzlicher Schwächeanfall gewesen sein. Vorübergehendes Aussetzen der Gehirntätigkeit oder so. Aber war's denn wirklich so schlimm?«

»Es war das Schlimmste, was dir einfallen konnte. Du hast den Nationalstolz unseres Volkes verletzt.«

Allmählich dämmerte mir auf, daß die Schweizer, dieses beneidenswerte Volk, diese konkurrenzlosen Erzeuger der besten Uhren, der besten Schokoladen und der besten Banken, diese traditionsgesicherten Inhaber der längsten Neutralität und der höchsten Berge – daß sie dennoch an einem schweren Minderwertigkeitsgefühl leiden: nämlich an dem Ruf, auch die besten Jodler zu sein. Dieser Ruf folgt ihnen überallhin. Man identifiziert sie geradezu mit dem Jodeln. Natürlich tut das ihrer Selbstachtung schweren Abbruch, und natürlich wollen sie vom Jodeln nichts mehr wissen. Früher einmal, in grauer Vorzeit, mögen sie gerne gejodelt haben. Heute hassen sie es.

»Hat man dir schon das Zimmer gekündigt?« fragte Oscar.

»Noch nicht.«

»Sei unbesorgt. Wir haben einen geräumigen Keller und können dich versteckt halten, bis der Sturm sich gelegt hat. Du wirst eben ein paar Wochen lang keine frische Luft atmen.«

Mit diesen hoffnungsvollen Worten enteilte er.

Ich trat ans Fenster und sah hinaus. Vor dem Hotel

drängten sich empörte Eidgenossen und schüttelten die Fäuste gegen mein Stockwerk. Rasch trat ich hinter den Vorhang zurück, Muskeln und Sinne in wilder Entschlossenheit angespannt. Ich würde mich nicht widerstandslos abschlachten lassen. Wenn sie angreifen, schieße ich.

Die telefonische Verbindung zum Funkhaus war noch nicht unterbrochen. Nach einigem Hin und Her meldete sich der Interviewer.

Ich teilte ihm mit, daß mein Hotel von wütenden Menschenmassen umzingelt sei, und fragte ihn, warum er mich nicht gewarnt hätte.

»Bei uns herrscht Demokratie«, sagte er. »Und unsere demokratischen Freiheiten gelten auch für jene, die sie mißbrauchen. Sie hätten ja eines Ihrer wunderbaren israelischen Volkslieder verlangen können. Aber da Sie offenbar das Bedürfnis hatten, uns zu beleidigen...«

»Was reden Sie da? Wieso Bedürfnis? Hallo!«

Mein Gesprächspartner hatte den Hörer hingeschmissen. Ein neuerlicher Blick aus dem Fenster – diesmal in voller Deckung – belehrte mich, daß die Menge vor dem Hotel beängstigend angeschwollen und durch eine Anzahl von Polizisten, Soldaten auf Urlaub und höheren Regierungsbeamten verstärkt war. Möglicherweise stand ein Vortrupp bereits im Hotel und hatte sich strategisch verteilt, um mir jeden Weg abzuschneiden, auch den ins Restaurant.

Ich läutete dem Etagenkellner und bestellte Verpflegung für zwei Tage.

Nach einer Stunde klopfte es an meiner Tür. Ich schob die Barrikade, die ich aus dem Schrank, zwei Fauteuils und der Couch errichtet hatte, ein wenig zur Seite und öffnete.

In der Tür stand der Direktor des Hotels persönlich, mit einem Tablett in der Hand. Seine Stimme klang eisig: »Das Personal weigert sich, Sie zu bedienen. Ich kann es den Leuten nachfühlen. Niemand läßt sich gern beleidigen.«

»Beleidigen?« fragte ich. »Wieso beleidigen? Warum glauben Sie mir nicht, daß ich Jodelmusik liebe? Am liebsten würde ich selber jodeln. Holloderiiie-oooh!«

Überrascht hielt ich inne und lauschte meinem eigenen Gejodel nach. Es war mir gegen meinen Willen und jedenfalls ohne meine Absicht über die Lippen gekommen, aber es klang nicht schlecht, das muß ich schon sagen.

Der Hoteldirektor glotzte mich an, machte kehrt und verschwand.

Ich rührte das Essen, das er mir gebracht hatte, nicht an. Vielleicht war es vergiftet.

Schlimmstenfalls würde ich mir vom Dachfirst eine Taube fangen und sie auf der Zentralheizung braten. Und solange man mir das Wasser nicht absperrte, konnte ich der Belagerung trotzen. Früher oder später würde ja eine Wendung eintreten... der Botschafter würde intervenieren... oder ich würde mich einer Gesichtsoperation unterziehen und unerkannt entkommen...

Als ich gegen Abend das Fenster spaltbreit öffnete, sprang ich sofort in höchstem Schrecken zurück. Der Mob füllte den ganzen Platz bis tief in die Seitenstraßen. Kein Mensch seit Wilhelm Tell hatte das Schweizervolk zu solcher Einheit zusammengeschweißt.

Die ersten Telegramme trafen ein: »SCHÄMEN SIE SICH, JETZT VERSTEHEN WIR DIE ARABER!« Oder: »BESCHMUTZEN SIE IHR EIGENES NEST!« lauteten die häufigsten Texte. Es waren auch zwei Duellforderungen darunter, die ich jedoch nicht annahm.

Das Telefon läutete fast pausenlos und spie Schmähungen aus.

»Warum haben Sie das gemacht?« fragte ein halbwegs Vernünftiger. »Was wollten Sie damit bezwecken?«

»Ich wollte dem Schweizer Jodeln wieder zum Durchbruch verhelfen und zu jenem Respekt, den es verdient. Holloderiiie-oooh!«

Das drang mir abermals völlig spontan aus der Kehle. Ich konnte mir nicht erklären, woher mir plötzlich das Talent und die Stimme zum Jodeln gekommen waren. Ein nie gekanntes Hochgefühl durchflutete mich, gemischt aus Entdeckerfreude und Todesverachtung.

Ich riß das Fenster auf. Die wogende Menge unten forderte in Sprechchören meinen Kopf. Transparente mit blutrünstigen Parolen schwebten über dem Gedränge, im Schein der Fackeln glaubte ich sogar ein Porträt des verewigten Gamal Abdel Nasser zu erkennen.

Am offenen Fenster stehend, breitete ich die Arme aus und ließ sieghaft meine Stimme erschallen:

»Holloderiiie-oooh! Holloderiiie-oooh!«

Nicht ohne Mühe gelang es der Polizei, die Demonstranten abzudrängen und das Feuer, das sie ans Hotel gelegt hatten, zu ersticken. Später in der Nacht wurde ich, als Kindergärtnerin verkleidet, in einem versiegelten Eisenbahnwaggon außer Landes geschmuggelt.

Nach ein paar Wochen bekam ich einen Brief von Oscar, selbstverständlich ohne Absender. Die Empörung beginne abzuflauen, schrieb er, und es gäbe sogar schon ein paar Besonnene, die für eine Erneuerung meines Schweizer Einreisevisums plädierten.

So sehr mich das in seelischer Hinsicht aufrichtete – praktisch kam nichts dergleichen in Frage. Ich konnte meine Bedenken gegen eine Wiedereinreise in die Schweiz nicht überwinden. Wann immer mir die Schweiz in den Sinn kommt, befällt mich ein unwiderstehlicher Drang zum Jodeln. Ich kann mir nicht helfen. Ob ich will oder nicht – holloderiiie-oooh...

Also bitte. Es geht schon wieder los.

Eine gemütliche Zusammenkunft

Vorgestern lief mir Gerschon über den Weg und sagte hallo, höchste Zeit, lange nicht gesehen, und warum kommen wir nicht heute abend zusammen und gehen irgendwohin oder in ein anderes Lokal. Ich stimmte zu, und wir wollten nur noch unsere Frauen zu Rate ziehen, jeder die seine, und dann besprechen wir's endgültig.

Ich muß vorausschicken, daß meine Frau und ich mit Gerschon und Zilla befreundet sind und uns immer freuen, sie zu sehen, ganz ohne Formalitäten, einfach um gemütlich mit ihnen beisammen zu sitzen und zu plaudern, nichts weiter.

Als ich Gerschon gegen Abend anrief, war Zilla noch in ihrem Yoga-Kurs, sie käme ungefähr um halb sieben, sagte er, und dann würde er sofort zurückrufen und unser Rendezvous fixieren. Der Einfachheit halber schlug ich als Treffpunkt ›Chez Mimi‹ vor, ein neues Lokal, aber Gerschon sagte nein, ausgeschlossen, neue Lokale sind bekanntlich immer überlaufen, und man bekommt nie einen Tisch, gehen wir doch lieber ins ›Babalu‹, dort gibt es wunderbare Käsepalatschinken.

An dieser Stelle griff die beste Ehefrau von allen ein, riß den Hörer an sich und machte Gerschon aufmerksam, daß eine einzige Käsepalatschinke 750 Kalorien enthalte, und ›Babalu‹ käme nicht in Frage, in Frage kommt ›Dudiks Gulaschhütte‹, Ende der Durchsage. Papperlapapp, sagte Gerschon, die Gulaschhütte ist auch nicht mehr, was sie war, und er persönlich hätte nun einmal eine Schwäche für Käsepalatschinken, Kalorien oder nicht. Es wurde beschlossen, die Wahl des Lokals in Schwebe zu lassen und Zillas Heimkehr vom Yoga abzuwarten.

Bald darauf erfolgte ein Anruf von Frau Frankel. Die Frankels sind alte Bekannte von uns. Sie leben in Peru, befanden sich auf Kurzbesuch in Israel, waren soeben aus Jerusalem nach Tel Aviv gekommen und würden sich wahnsinnig freuen, wenn sie uns noch heute abend sehen könnten, morgen fliegen sie nach Peru zurück. Ich informierte sie, daß wir bereits eine Verabredung mit einem befreundeten Ehepaar hätten, zwei reizende Leute, die ihnen bestimmt gefallen würden. Na schön, dann sollen sie in Gottes Namen mitkommen, sagte Frau Frankel. Ich versprach ihr, im Hotel anzurufen, sobald wir von Gerschon und Zilla Nachricht bekämen.

Kaum hatte ich den Hörer aufgelegt, verlieh mir die beste Ehefrau von allen den Titel eines Idiotenkönigs. Gerschon, so behauptete sie, würde den Frankels ganz und gar nicht gefallen, denn er benähme sich zu ausländischen Besuchern immer sehr schlecht, besonders zu peruanischen Juden. Wie recht du doch hast, Liebling, sagte ich, daran hatte ich nicht gedacht, aber jetzt hilft nichts mehr. Andererseits brauchen wir uns nicht den Kopf zu zerbrechen, denn von Gerschon und Zilla läge ja noch keine Nachricht vor, und vielleicht sagen sie überhaupt ab.

Zu diesem Zweck rief ich Gerschon an, aber Zilla war noch immer nicht da, sie würde sich offenbar verspäten. Außerdem sei ein neues Problem aufgetaucht: Töchterchen Mirjam, der kleine Schwachkopf, hatte wieder einmal den Wohnungsschlüssel vergessen, und man müsse warten, bis sie nach Hause käme, mindestens bis halb acht.

Unter diesen Umständen schien es mir wenig sinnvoll, die Sache mit den Frankels zu erwähnen. Keine

Eile. Es kann ja noch alles mögliche passieren. Man soll die Brücken hinter sich erst abbrechen, wenn man vor ihnen steht, sagt das Sprichwort. Oder so ähnlich.

Für alle Fälle begannen wir mit den Vorbereitungen für einen gemütlichen Abend. Die Studentin Tirsa, die bei uns gewöhnlich als Babysitter fungiert, war nicht zu Hause, aber ihr kleiner Bruder meinte, wir könnten sie bei Tamar, ihrer besten Freundin, telefonisch erreichen.

Daran hinderte uns zunächst ein Anruf von den Frankels, diesmal von ihm: ob uns neun Uhr in der Hotelhalle recht wäre? Gewiß, sagte ich, nur müßte ich das erst mit unseren Freunden abstimmen, ich rufe zurück.

Bei Gerschon antwortete Zilla, fröhlich und yogagestärkt und ganz Ohr für meine Mitteilung, daß wir Besuch von Freunden aus Peru hätten, reizende Leute, sie warten in der Halle ihres Hotels und würden ihr bestimmt gefallen, oder vielleicht möchte sie lieber ein anderes Mal mit uns zusammenkommen?

Nein, warum, sagte Zilla, sie hätte nichts dagegen, unsere Freunde zu sehen, Gerschons Einverständnis vorausgesetzt, er sei gerade mit dem Hund draußen, in ein paar Minuten käme er zurück und würde uns Bescheid geben. Aber warum in der Hotelhalle? Hotelhallen sind kalt und ungemütlich. Warum nicht im Café Tutzi? Ausgeschlossen, sagte ich, dort hatte ich Krach mit der schielenden Kellnerin, schüttet mir Zwiebelsuppe über die Hosen und entschuldigt sich nicht einmal, warten wir lieber auf Gerschon und verständigen wir uns dann über einen anderen Treffpunkt.

Jetzt konnte meine Frau endlich bei Tamar anrufen, aber Tirsa war schon weggegangen. Sie würde sich vielleicht noch einmal bei ihr melden, sagte Tamar, und wir sollten später nachfragen.

Als nächstes kam der fällige Anruf von Gerschon: Zilla hätte ihm von den Peruanern erzählt, und was mir denn einfiele, als ob ich nicht wüßte, daß er gegen Touristen allergisch sei. Ich beruhigte ihn, die Frankels wären keine gewöhnlichen Touristen und vor allem keine gebürtigen Peruaner, es handelte sich um zwei reizende Leute, die ihm bestimmt gefallen würden, und wir sind jetzt alle um neun Uhr in der Hotelhalle verabredet. Also gut, sagte Gerschon, hoffentlich käme seine schwachsinnige Tochter bis dahin nach Hause.

Dann rief Tamar an, Tirsa hätte sie angerufen und käme zu uns Babysitten, allerdings nicht vor 9.45, sie wäre soeben dabei, sich die Haare zu waschen, und da sie, Tamar, jetzt eine Verabredung hätte und wegginge, müßten wir uns sofort entscheiden, ob wir mit 9.45 einverstanden wären, ja oder nein.

Ich bat sie, zwei Minuten zu warten und rief Gerschon an, um die Verschiebung mit ihm zu klären. Glücklicherweise hatte sich das Problem mit seiner Tochter Mirjam inzwischen erledigt, sie war mit Juki, ihrem Freund, ins Kino gegangen und würde Gerschons Berechnung zufolge nicht länger als bis 9.30 fortbleiben, also spräche nichts gegen 9.45.

Schon wollte ich den Hörer auflegen, als ich aus Gerschons Hintergrund die Stimme Zillas hörte, das wäre doch blödsinnig, sich quer durch die halbe Stadt zu schleppen, und warum treffen wir uns nicht in irgendeinem Espresso irgendwo in der Nähe.

Daraufhin ertönte aus meinem eigenen Hintergrund die Stimme der besten Ehefrau von allen, sie denke nicht daran, den Abend in einem schäbigen

Espresso zu verbringen, sie nicht, vielleicht Zilla, aber sie nicht.

Wir ließen die Frage offen, und ich legte den Hörer auf.

Gleich danach nahm ich ihn wieder ab, es war Frau Frankel, um unser gemütliches Treffen auf 10.15 zu verschieben. In Ordnung, sagte ich, 10.15 ist eine angenehme Zeit, aber wir haben Freunde aus Peru zu Besuch, reizende Leute, die wir in ihrer Hotelhalle treffen sollen. Das trifft sich gut, sagte Frau Frankel, sie selbst und ihr Mann waren unsere Freunde aus Peru, und dann hätten also alle Beteiligten den neuen Zeitpunkt akzeptiert. Den Zeitpunkt schon, sagte ich, aber als Treffpunkt lehne Zilla einen Espresso ganz entschieden ab. Frau Frankel reagierte überraschend sauer, wieso Espresso, was soll das, wenn sie und ihr Mann eigens nach Tel Aviv kämen, um uns zu sehen, könnten wir uns wirklich etwas Besseres aussuchen als einen schäbigen Espresso. Richtig, sagte ich, das stimmt, und sie sollte mir nur noch ein wenig Zeit für eine Rückfrage bei meinen Freunden geben.

Ich rief sofort bei Tamar an, um Tirsa 9.45 zu bestätigen, aber Tamar war bereits von ihrem Freund abgeholt worden und hatte bei der Hausfrau lediglich eine Telefonnummer zurückgelassen, wo ich Tirsa nach 10 Uhr erreichen könnte.

Dann war Herr Frankel am Telefon und wollte wissen, warum das alles so lange dauert, und da seine Stimme nun schon recht ungehalten klang, schlug ich ihm vor, den gordischen Knoten einzufädeln und sich direkt bei Gerschon nach Mirjam und Juki zu erkundigen, ich würde unterdessen alles mit Tirsa regeln, und wir könnten uns anschließend in einem Kaffeehaus auf der Dizengoffstraße oder vielleicht anderswo gemütlich zusammensetzen.

Meine Versuche, Tirsa zu erreichen, blieben erfolglos, weil die Nummer, die Tamar für mich hinterlassen hatte, immer besetzt war, aber dafür erreichte mich Zilla: sie hätte ein langes Telefongespräch mit Herrn Frankel gehabt und fände ihn sehr sympathisch, spätestens um halb elf, wenn die Kinder nach Hause kämen, könnten sie und Gerschon weggehen. Ins Café Metropol, rief Gerschon dazwischen. Das Café Metropol schließt um elf, sagte ich. Das glaube sie nicht, sagte Zilla. Aber sie würde für alle Fälle dort anrufen und uns das Ergebnis mitteilen.

Als nächstes hörten wir von Frau Frankel: Ihr Taxi wartete schon seit einer Viertelstunde, und sie hätte vergessen, wo sie uns und das Ehepaar Zilla treffen sollte. Nein, sagte ich, nicht Zilla, sondern Juki, im Café Metropol, falls es noch offen wäre, und sie täte am besten, Tirsa danach zu fragen, die Nummer erliegt bei Mirjams Hausfrau.

Was weiter geschah, weiß ich nicht mehr genau. Ich glaube, daß Gerschon gegen halb zwölf aus dem Kino zurückkam und warten mußte, bis Tamar den Hund gewaschen hatte, während ihr Freund und Frau Frankel ins Metropol fuhren, aber da es dort nichts mehr zu essen gab, landeten sie schließlich im Café Tutzi bei einem Gulasch, das die schielende Kellnerin über Jukis Hosen schüttete.

Wir selbst, die beste Ehefrau von allen und ich, blieben zu Hause, stellten das Telefon ab und fielen in unsere Betten. Dann kam unser Babysitter. Was mich betrifft, so können sich sämtliche peruanischen Yogakursteilnehmer am nächsten Laternenpfahl gemütlich aufhängen.

Wie Napoleon besiegt wurde

Die Sonne ging über den Schlachtfeldern auf. Im Sitzungssaal seines Landschlößchens stand der Kaiser, umgeben von seinen Marschällen und Generälen, am Tisch mit der großen Landkarte, um die letzten Anordnungen für den entscheidenden Zusammenstoß mit Europas Monarchen zu treffen. Sein Selbstbewußtsein und sein strategisches Genie hatten unter dem Exil auf Elba in keiner Weise gelitten. Nur sein Haar war ein wenig schütter geworden und zeigte an den Schläfen die ersten silbrigen Strähnen.

Aus der Ferne wurde vereinzeltes Geschützfeuer hörbar: Blüchers Armee marschierte vom Norden her gegen Waterloo. Man glaubte zu spüren, wie die Welt den Atem anhielt.

»Napoleon! Dein Frühstück ist fertig!«

In der Türe erschien Sarah, Napoleons dritte Ehefrau und die beste von allen, ihre Frisur von einem hinten zusammengeknoteten Kopftuch geschützt, in der Hand einen Staublappen.

Der Kaiser hatte sie auf Elba geheiratet. Wie es hieß, entstammte sie einer der besten jüdischen Familien der Insel.

»Das Frühstück wird kalt, Napoleon!« rief die Kaiserin. »Komm zu Tisch! Deine Freunde hier werden nicht weglaufen. Ach Gott, ach Gott...« Und während sie sich mit dem Staublappen an einigen Möbelstücken zu schaffen machte, wandte sie sich an den respektvoll schweigenden Generalstab: »Jeden Tag die gleiche Geschichte. Ich frage ihn: Napoleon, willst du essen oder willst du nicht essen, sag ja oder nein, er sagt ja, ich mach das Essen, und kaum ist es fertig, hat er plötzlich irgend etwas zu tun, stundenlang läßt er mich warten, ich muß das Essen immer von neuem aufwärmen, erst gestern hat uns das Mädchen gekündigt, und jetzt steh ich da, ganz allein mit dem Buben... Napoleon! Hörst du nicht? Das Frühstück ist fertig!«

»Einen Augenblick«, murmelte der Kaiser und zeichnete auf dem Schlachtplan eine Linie ein. »Nur einen Augenblick noch.«

Der Kanonendonner wurde lauter. Die Artillerie des Herzogs von Wellington begann sich einzuschießen. Marschall Ney sah besorgt nach der Uhr.

»Ich kann mich kaum auf den Füßen halten«, jammerte Sarah. »Überall in der Wohnung läßt du deine

Kleidungsstücke herumliegen, und ich hab das Vergnügen, sie einzusammeln und in den Schrank zu hängen. Wie soll ich das alles bewältigen? Und steck nicht immer die Hand zwischen die zwei oberen Brustknöpfe, hundertmal hab ich dir gesagt, daß der Rock davon einen häßlichen Wulst bekommt, der sich nicht mehr ausbügeln läßt... Wirklich, meine Herren, Sie haben keine Ahnung, wieviel mir die schlechten Gewohnheiten meines Herrn Gemahl zu schaffen machen... Napoleon! Komm endlich frühstücken!«

»Ich komm ja schon«, antwortete der große Korse. »Ich hab nur noch ein paar Worte mit meinen Generälen zu sprechen.« Er nahm Haltung an, seine Gesichtsmuskeln spannten sich. »Blücher und Wellington, daran besteht für mich kein Zweifel, werden ihre Armeen vereinigen wollen. Wir müssen einen Keil zwischen sie treiben.«

»Das Essen ist schon wieder eiskalt!« kam aus dem Nebenzimmer Sarahs Stimme.

»In einer Stunde greifen wir an«, sagte Napoleon abschließend.

Von draußen klang das Geräusch schwerer, eiliger Schritte. General Cambron, der Adjutant des Kaisers, nahm immer drei Marmorstufen auf einmal, so eilig hatte er's.

»O nein! Kommt gar nicht in Frage!« Am Treppenabsatz trat ihm Sarah entgegen. »Ziehen Sie zuerst Ihre Stiefel aus! Ich lasse mir von Ihnen nicht das ganze Haus verschmutzen.«

In Strümpfen trat General Cambron zu den anderen bestrumpften Heerführern.

»Wenn ich eine Hilfe im Haushalt hätte, wär's etwas anderes«, erläuterte die Kaiserin ihre Anordnung. »Aber seit gestern hab ich keine mehr. Herrn

Bonaparte interessiert das natürlich nicht. Den interessiert alles, nur nicht sein eigenes Haus. Jetzt bin ich am Wochenende ohne Mädchen und kann mich wegen eurer dummen Schlacht nicht einmal um einen Ersatz kümmern. Wenn Sie vielleicht von einem anständigen Mädchen hören, lassen Sie mich's bitte wissen. Mit Kochkenntnissen. Und sie muß auch auf den Buben aufpassen. Aber keine Korsin, bitte. Die reden zuviel.«

»Gewiß, Majestät.« General Cambron salutierte und übergab dem Kaiser ein zusammengefaltetes Papier.

Napoleon las es und erbleichte:

»Meine Herren – Fouché ist zum Feind übergegangen. Was tun wir jetzt?«

»Jetzt frühstücken wir«, entschied die Kaiserin und ging ins Nebenzimmer voran.

Noch einmal trat Napoleon an den Tisch und fixierte mit dem Zeigefinger einen Punkt auf der Karte: »Hier wird sich das Schicksal Europas entscheiden. Wenn der Gegenangriff von Südwesten kommt, fangen wir ihn an der Flanke auf. Meine Herren ...«

»Napoleon!« unterbrach Sarahs Stimme. »Willst du Rühr- oder Spiegeleier?«

»Egal.«

»Rühreier?«

»Ja.«

»Dann sag's doch.«

»Meine Herren – vive la France!« beendete Napoleon den unterbrochenen Satz.

»Vive la France!« riefen die Marschälle und Generäle. »Vive l'Empereur!«

»Napoleon!« rief Sarah und steckte den Kopf durch die Türe. »Der Bub will dich sehen!«

»Majestät!« rief Marschall Murat. »Der Feind nähert sich!«

»Ich, lieber Herr«, fuhr die Kaiserin dazwischen, »ich bin es, die den ganzen Tag mit dem weinenden Kind auskommen muß, ich, nicht Sie. Wollen Sie dem Kaiser vielleicht verbieten, seinem Sohn einen Abschiedskuß zu geben?«

»Wo ist er?« fragte Napoleon.

»Er macht gerade Pipi.«

Und während der Kaiser sich zum Aiglon begab, stimmte die Kaiserin nochmals ihr Klagelied an: »Ich hab kein Mädchen. Ich muß alles allein machen. Drei Stockwerke. Wie oft, meine Herren, hab ich Sie schon gebeten, keine Asche auf den Teppich zu streuen?«

Im Hintergrund erschien Napoleon und strebte mit hastigen Schritten dem Ausgang zu.

»Was soll ich sagen, wenn jemand nach dir fragt?« wollte die Kaiserin wissen.

»Sag, daß ich in der Schlacht bei Waterloo bin.«

»Wann kommst du nach Hause?«

»Weiß ich nicht.«

»Hoffentlich rechtzeitig zum Mittagessen. Was möchtest du haben?«

»Egal.«

»Gestopften Gänsehals?«

»Ja.«

»Dann sag's doch. Und vergiß nicht«, rief sie ihm nach. »Ich brauch ein Mädchen. Und komm nicht zu spät...«

Der Kaiser hatte sein Pferd bestiegen. An der Spitze seiner Heerführer nahm er den Weg durch die eng gewundene Schlucht, die in Richtung Waterloo führte.

Sarah nahm Besen und Schaufel, um die Halle vom Straßenschmutz zu säubern, der von den Stiefeln der

Militärs zurückgeblieben war. Sie mußte alles allein machen, denn sie hatte kein Mädchen.

Durch das offene Fenster konnte man jetzt schon das Mündungsfeuer der Geschütze sehen. Blücher und Wellington setzten zu ihrem erfolgreichen Umklammerungsmanöver an.

Die Geschichte weiß zu berichten, daß die beiden siegreichen Feldherren ihre Ehefrauen weit, weit hinter sich gelassen hatten.

Unterwegs mit der Familie

Ich bin ein fanatischer Anhänger der Ehe – einer Institution, die auf Erden nicht ihresgleichen hat. Gewiß, man schuftet wie ein Sklave, aber man weiß, wofür. Man hat ein Heim, das von süßen Kinderstimmchen erfüllt ist, man vergeudet seine Zeit nicht mit leichtfertigen Weibern und trinkfreudigen Kumpanen – man hat, kurzum, nichts mehr mit jener armseligen Figur gemein, die man in früheren, glücklicheren Junggesellentagen einmal war. Denn was, so frage ich, was ist die wahre Sehnsucht des Mannes? Er sehnt sich nach einer Frau, die des Lebens Bürde mit ihm teilt, die ihn versteht und stützt, der er von seinen Sorgen und Kümmernissen erzählen kann. Also heiratet er, und von da an hat er was zu erzählen.

Im vorliegenden Fall rühren die erwähnten Kümmernisse hauptsächlich von Autofahrten im Kreis der Familie her. Kaum bin ich zehn Meter gefahren, stößt die beste Ehefrau von allen ihren ersten schrillen Schrei aus: »Rot! *Rot!*« Oder: »Ein Radfahrer! *Gib auf den Radfahrer acht!*«

Diese Begleittexte kommen immer paarweise: der erste mit einem Rufzeichen, der zweite im Sperrdruck. Früher einmal versuchte ich meiner Gattin beizubringen, daß ich seit meiner Kindheit einen Führerschein besitze und noch keines einzigen Vergehens gegen die Verkehrsordnung schuldig geworden bin, daß ich ebenso viele Augen habe wie sie, vielleicht sogar mehr, und daß ich sehr gut ohne ihren Sperrdruck auskommen kann. Seit einigen Jahren habe ich diesen Zuspruch aufgegeben. Es hilft nichts. Genausogut könnte man den Arabern zureden, sich mit der Existenz Israels abzufinden. Sie hört mir einfach nicht zu. Sie ihrerseits hat schon elf Verkehrsstrafen bekommen, aber an denen bin ich schuld.

Es kann geschehen, daß wir durch eine völlig menschenleere Straße fahren – und plötzlich dringt ihr Schreckensruf an mein Ohr: »Ephraim! *Ephraim!*«

Ich reiße das Steuer herum, gerate auf den Gehsteig, stoße zwei Koloniakübel um und krache in den Rollbalken einer Wäscherei. Dann stelle ich die Reste des Motors ab und blicke um mich. Weit und breit ist nichts und niemand zu sehen. Die Straße ist so verlassen wie der unwirtlichste Teil der Negev-Wüste.

»Warum hast du geschrien?« erkundige ich mich und füge im Sperrdruck hinzu: »*Warum hast du geschrien?*«

»Weil du unkonzentriert gefahren bist. Überhaupt – wie du fährst! *Wie du fährst!*« Und sie schnallt demonstrativ ihren Sicherheitsgurt etwas fester.

Die Kinder nehmen natürlich Partei für Mammi. Das erste Tier, das meine kleine Tochter Renana erkennen lernte, war ein Zebrastreifen. *Ein Zebrastreifen!* Auch ihr Großvater stellt oft und gerne fest, daß ich wie ein Verrückter fahre. *Wie ein Verrückter!* Neulich nahm er mich zur Seite, um von Mann zu Mann ein paar mahnende Worte an mich zu richten:

»Du hast doch Sorgen genug, mein Junge. Du bist ein schöpferischer Mensch. Du denkst beim Fahren an alles mögliche. Warum überläßt du es nicht meiner Tochter?«

Auch die Kinder haben es schon gelernt.

»Pappi«, tönt es von den Hintersitzen, »du bist nicht konzentriert. Laß doch Mammi… *laß doch Mammi…*«

Diese entwürdigenden Sticheleien finden ihre Fortsetzung, wenn ich nach Hause komme.

»Es ist nur Pappi«, ruft mein rothaariger Sohn Amir in die Küche. »Nichts ist passiert.«

Warum soll etwas passiert sein? Und warum ›nur‹ Pappi? Und ihre Mutter unterstützt sie noch: »Ich würde lachen, wenn dich jetzt ein Verkehrspolizist erwischt! *Ich würde lachen!*« Oder: »Das kostet dich den Führerschein. *Das kostet dich den Führerschein!*«

Laut eigener Aussage kann sie sich nur entspannen, wenn sie selbst fährt. Manchmal entwindet sie mir das Lenkrad mit Gewalt und unter lautem Beifall der Galerie. Bisher ist sie zweimal mit je einem Fernlaster zusammengestoßen, einmal mit einem Klavier, hat mehrere Parkometer umgelegt und ungezählte Katzen überfahren.

»Weil deine wilde Fahrerei mich ansteckt«, erläutert sie.

Neuerdings beteiligt sich sogar unsere Hündin Franzi an der gegen mich gerichteten Verschwörung. In jeder Kurve steckt sie den Kopf zum Fenster hinaus und bellt laut und scharf: »Wau! *Wau!*« Zweimal. Das zweite Mal im Sperrdruck. Sie will, so dolmetscht meine Mitfahrerin, zum Ausdruck bringen, daß ich das Lenkrad mit beiden Händen halten soll. Wie jeder andere. *Wie jeder andere!*

Es gibt auch rückwirkende Zurechtweisungen. Zum Beispiel passiere ich glatt und anstandslos zwei Fußgänger und werde nach ein paar Metern vorwurfsvoll gefragt: »Hast du sie gesehen? *Hast du sie gesehen?*«

Natürlich habe ich sie gesehen. *Natürlich habe ich sie gesehen.* Sonst hätte ich sie ja niedergefahren oder wenigstens gestreift, nicht wahr.

»Was machst du denn, um Gottes willen!« lautet der nächste Mahnruf. »*Was machst du?*«

»Ich mache 45 Kilometer in der Stunde.«

»Du wirst noch im Krankenhaus enden. Oder im Gefängnis. *Oder im Krankenhaus!*«

Sie selbst fährt einen Stundendurchschnitt von einhundertzwanzig Kilometern, was ungefähr der Schnelligkeitsrate ihrer Kommentare entspricht. Unlängst riß sie den Wagen an sich, sauste zum Supermarkt und wurde unterwegs von einer Verkehrsampel angefahren.

Sie kroch unter den Trümmern hervor, bleich, aber ungebrochen, und seither folgt mir ihr vorwurfsvoller Blick auf Schritt und Tritt.

»Stell dir vor, du armer Kerl«, will dieser Blick bedeuten, »stell dir vor, was für ein Unglück es gegeben hätte, wenn *du* gefahren wärst.«

Ich bin nach längerem Nachdenken zu dem Entschluß gelangt, mir die bewährte ›Do it yourself‹-Methode zu eigen zu machen, und tatsächlich geht es jetzt viel besser. Um meiner Familie jede Aufregung zu ersparen, stoße ich selbst die entsprechenden Vorwarnungen aus:

»Nach fünfzig Metern kommt ein Stoppzeichen«, verlautbare ich bei einer Stundengeschwindigkeit von dreißig Kilometern. »*Ein Stoppzeichen nach fünfzig Metern!*« Oder: »Nicht bei Gelb, Ephraim! *Nicht bei Gelb!*« Und nachdem ich über eine harmlose Kurve hinweggekommen bin: »Wie ich fahre! *Wie ich fahre!*«

Auf diese Weise herrscht in meinem Wagen nun doch eine Art von Fahrerfrieden. Die beste Ehefrau von allen sitzt mit zusammengepreßten Lippen neben mir, die Kinder verachten mich stumm, der Hund bellt zweimal, und ich fahre langsam aus der Haut.

Nur keine Rechtsbeugung!

Eines Tages in den frühen Abendstunden der vergangenen Woche tauchte vor unserer Wohnungstür eine Gestalt auf und nahm alsbald die unverkennbaren Umrisse eines Polizisten an. Er händigte mir eine Vorladung ein, derzufolge ich mich am nächsten Morgen um acht Uhr auf der nächsten Polizeistation einzufinden hatte.

Meine Frau betrachtete die Vorladung und erbleichte.

»Warum laden sie dich so dringend vor!« fragte sie. »Was hast du angestellt?«

»Nichts«, antwortete ich.

Meine Frau streifte mich mit einem prüfenden Blick.

»Du solltest nicht allein hingehen. Nimm einen Anwalt mit.«

»Wozu?«

»Frag nicht so dumm. Damit du jemanden bei dir hast, wofern du in Schwierigkeiten kommst.«

Die Tatsache, daß meine Frau zum erstenmal in ihrem Leben das Wort ›wofern‹ gebrauchte, übte eine zutiefst demoralisierende Wirkung auf mich aus. Noch am Nachmittag setzte ich mich mit Dr. Jonathan Shay-Sheinkrager in Verbindung, dem weithin bekannten Juristen, der als einer der gefinkeltsten Rechtsanwälte unseres Landes gilt. Shay-Sheinkrager ließ sich den Fall in allen Details vortragen, überlegte eine Weile und erklärte sich sodann bereit, meine Verteidigung zu übernehmen. Ich unterzeichnete die nötigen Papiere, die sofort in Kraft traten, und ging erleichtert nach Hause.

Am nächsten Morgen verabschiedete ich mich schweren Herzens von meiner Ehefrau und begab mich in Begleitung meines Rechtsanwaltes zur Polizeistation. Der wachhabende Polizeisergeant, ein schnurrbärtiger junger Mann, empfing uns freundlich. Er überflog die Vorladung, die Shay-Sheinkrager ihm einhändigte, griff ohne viel Federlesens in eine Schublade und zog die Aktentasche heraus, die ich vor ein paar Wochen verloren hatte.

»Wir haben Ihre Aktentasche gefunden, Herr Kishon«, sagte er mit gewinnendem Lächeln. »Hier ist sie.«

»Danke vielmals. Ich weiß Ihre Mühe zu schätzen.« Damit griff ich nach der Aktentasche und schickte mich wohlgelaunt zum Verlassen des Lokals an.

Ich hatte die Rechnung ohne meinen Anwalt gemacht.

»Sehr rührend«, sagte Shay-Sheinkrager, und seine Lippen kräuselten sich sarkastisch. »Aber darf ich Sie, Herr Inspektor, fragen, woher Sie wissen, daß es sich um die Aktentasche meines Klienten handelt!«

Der Sergeant grinste gutmütig:

»Wir haben in der Aktentasche eine Wäschereirechnung auf den Namen dieses Herrn gefunden.«

»Und es ist Ihnen kein Gedanke gekommen«, fuhr Shay-Sheinkrager fort, »daß die Aktentasche Eigentum der Wäscherei sein könnte?«

»Aber sie gehört mir«, versicherte ich meinem Anwalt. »Ich habe sie an den Joghurtflecken auf der rechten Seite sofort erkannt.«

»Bitte enthalten Sie sich jeder Einmischung in ein schwebendes Verfahren«, wies Shay-Sheinkrager mich zurecht. »Herr Inspektor, ich bitte um die Ausfertigung eines Protokolls!«

»Was heißt da Protokoll? Nehmen Sie die Aktentasche und gehen Sie.«

»Wir sollten wirklich gehen«, stimmte ich ein. »Hier haben wir nichts mehr zu tun.«

Mein Anwalt trat ans Fenster, verschränkte die Hände hinterm Rücken und sah hinaus. Nach ungefähr einer Minute drehte er sich um:

»Ich werde Ihnen sagen, was wir hier noch zu tun haben, meine Herren. Wir haben den Inhalt der Aktentasche zu überprüfen.«

Schweigen. Shay-Sheinkrager hatte natürlich recht. Zu dumm, daß mir das nicht von selbst eingefallen war. Da zeigt sich wieder einmal der Unterschied zwischen einem Laien und einem geschulten Kenner der Materie.

»Dann machen wir sie eben auf«, seufzte der Sergeant und griff nach der Aktentasche.

»Ich protestiere!« Wie ein Tiger fuhr Shay-Sheinkrager dazwischen. »Das strittige Objekt muß unbedingt in Anwesenheit eines offiziellen Zeugen geöffnet werden.«

Mit einem deutlich sichtbaren Aufwand an Selbstbeherrschung zwirbelte der Sergeant seinen Schnurrbart und ging einen Kollegen holen. Als die beiden eintraten, lag leichte Zornesröte über ihren Gesichtern.

»Herr Kishon«, ließ sich mein Anwalt vernehmen, »wollen Sie jetzt bitte eine Liste der Gegenstände anfertigen, die, soweit Sie sich erinnern können, den Inhalt dieser Aktentasche bilden.«

»Gerne«, antwortete ich. »Aber ich kann mich nicht erinnern.«

»Um so besser«, sagte der Sergeant und traf neuerdings Anstalten, die Aktentasche zu öffnen. Aber mein Anwalt hinderte ihn daran:

»Das Eingeständnis meines Klienten, den Inhalt der Aktentasche nicht rekonstruieren zu können, darf amtlicherseits nicht dahin verstanden werden, daß die Aktentasche zur Zeit ihres Verlustes keinerlei Wertgegenstände enthalten hätte.«

Die Blicke, mit denen die beiden Sergeanten ihn daraufhin ansahen, ließen sich auch bei äußerster Nachsicht nicht mehr als ›liebevoll‹ bezeichnen. Shay-Sheinkrager schien dergleichen gewohnt zu sein. Ungerührt zog er mich zur Seite:

»Bitte sprechen Sie von jetzt an kein Wort, ohne mich vorher zu fragen«, schärfte er mir ein. »Von jetzt an liegt die Sache in meinen Händen!«

Dann begann er in trockenem, aber höchst lichtvollem Fachjargon das Protokoll zu diktieren:

»Auf Grund einer freiwillig gemachten Aussage meines Klienten, und ohne seine Rechte als einziger gesetzlicher Eigentümer des strittigen Fundobjektes im mindesten zu präjudizieren, wird hiermit festgestellt, daß mein Klient infolge einer Erinnerungslücke außerstande ist, verbindliche Angaben über den Inhalt der in Rede stehenden Aktentasche zu machen, die sich zur Zeit der Ausfertigung dieses Protokolls auf der das Protokoll ausfertigenden Polizeistation befindet, deren diensthabendes Organ die in Rede stehende, vor einer bestimmten Anzahl von Tagen aufgefundene Aktentasche nach bestem Wissen und Gewissen als Eigentum meines Klienten bezeichnet und…«

»Einen Augenblick«, unterbrach der Sergeant und stand auf, um aus dem Nebenzimmer einen Oberinspektor herbeizuholen.

Noch ehe der Oberinspektor seine Übellaune in Worten äußern konnte, hatte sich Shay-Sheinkrager ihm vorgestellt und bat ihn, diese mißliche Angelegenheit fair und objektiv zu behandeln. Dann wandte er sich nochmals an mich:

»Ich muß Sie pflichtgemäß darüber belehren, daß von jetzt an jedes Ihrer Worte gegen Sie ausgenützt werden kann.«

Ich fragte ihn, ob ich vereidigt werden müßte, aber er beruhigte mich: so weit wären wir noch nicht.

Nachdem alle Anwesenden das Protokoll unterzeichnet hatten, erklärte Shay-Sheinkrager laut und langsam:

»Mein Klient erhebt keine Einwände gegen die Öffnung des strittigen Fundobjektes.«

Der Oberinspektor steckte die Hand in die Aktentasche und zog einen Bleistift heraus.

»Herr Kishon«, fragte mein Anwalt, wobei er jede Silbe scharf betonte, »ist das Ihr Bleistift?«

Ich sah mir den Bleistift an. Er war kurz und abgenützt, ein ganz gewöhnlicher Bleistift.

»Wie soll ich das heute noch wissen?« fragte ich. »Beschwören kann ich's nicht.«

In Shay-Sheinkragers Augen glomm ein heiliges Feuer: »Meine Herren, jetzt kommt alles darauf an, kühlen Kopf zu bewahren. – Herr Kishon! Sind Sie ganz sicher, daß Sie dieses Schreibinstrument nicht als Bestandteil der von Ihnen ständig gebrauchten Schreibutensilien agnoszieren können?«

»Ich habe Ihnen doch schon gesagt, daß ich das nicht kann.«

»Dann verlange ich die sofortige Vorladung des Bezirkskommandanten!«

»Des Bezirkskommandanten?« schnaubte der Oberinspektor. »Und warum, wenn ich fragen darf?«

Er durfte fragen. Jede Frage war meinem Anwalt willkommen, weil er auf jede Frage eine Antwort hatte. Diesmal lautete sie:

»Herr Oberinspektor! Wenn der sogenannte ›ehrliche Finder‹ einen nicht meinem Klienten gehörigen Bleistift in diese Aktentasche hineinpraktiziert hat, kann er ebensogut ein anderes und möglicherweise wertvolleres Objekt aus dieser Aktentasche entfernt haben.«

Nach einer Weile erschien der Bezirkskommandant und prallte bereits in der Tür entsetzt zurück:

»Um Gottes willen! Sie hier, Shay-Sheinkrager? Schon wieder! Das darf nicht wahr sein!«

Auch jetzt ließ sich mein Anwalt im gleichmütigen Auf- und Abgehen nicht stören. Nach einer Weile pflanzte er sich vor dem Bezirkskommandanten auf. Seine Stimme bebte vor Bedeutsamkeit:

»Im Namen meines Klienten erstatte ich hiermit Anzeige gegen den Finder dieser Aktentasche, und zwar a) wegen widerrechtlichen Gebrauchs der meinem Klienten gehörigen Schreibutensilien, und b) wegen möglicher Entfernung von Gegenständen aus der gefundenen Aktentasche.«

»Soll das heißen«, fragte drohend der Bezirkskommandant, »daß Sie hier einen Diebstahl unterstellen?«

»Allerdings. Mein Klient glaubt mit ausreichender Sicherheit behaupten zu können, daß im Zusammenhang mit der ihm gehörigen Aktentasche ein Diebstahl unbestimmten Ausmaßes begangen wurde.«

»Na schön«, stöhnte der Bezirkskommandant. »Wer hat die verdammte Aktentasche gefunden?«

Unmutig kramte der Sergeant in seinen Papieren:

»Der Verkehrspolizist vom Dienst. Vorgestern nachmittag.«

»Sie wollen einen Polizisten des Diebstahls beschuldigen?« fragte mich der Bezirkskommandant.

»Nicht antworten!« Shay-Sheinkrager war mit

einem Satz bei mir und hielt mir den Mund zu. »Sagen Sie kein Wort! Die Kerle wollen Ihnen einen Strick drehen. Ich kenne ihre Tricks. – Herr Bezirkskommandant«, fuhr er amtlich fort. »Wir haben dem bereits Gesagten nichts mehr hinzuzufügen. Weitere Aussagen machen wir nur vor dem zuständigen Gerichtshof.«

»Wie Sie wünschen. Sie sind sich hoffentlich klar darüber, daß Sie soeben eine ehrenrührige Behauptung gegen einen Beamten des öffentlichen Dienstes vorgebracht haben?«

»Ich erhebe Einspruch«, brüllte Shay-Sheinkrager. »Das grenzt an Erpressung.«

»Erpressung?« Auch die Stimme des Bezirkskommandanten steigerte sich zu imposanter Lautstärke. »Sie beleidigen einen uniformierten Polizisten im Dienst! Paragraph 18 des Strafgesetzbuches!«

»Einspruch! Ich beziehe mich auf Anhang 47 zur Verordnung über Pflichten und Rechte der öffentlichen Sicherheitsorgane, Gesetzblatt Nr. 317!«

»Darüber wird das zuständige Gericht entscheiden«, schnarrte der Bezirkskommandant und wandte sich an mich: »Im Namen des Gesetzes erkläre ich Sie für verhaftet.«

Shay-Sheinkrager begleitete mich bis an die Zellentür.

»Kopf hoch«, sagte er. »Man kann Ihnen nichts anhaben. Es gibt kein Beweismaterial gegen Sie. Wir werden das Alleinverschulden des Polizisten nachweisen und notfalls einen Haftbefehl gegen den Polizeiminister erwirken. Dann soll er uns einmal erklären, warum der ›ehrliche Finder‹ nicht verhaftet wurde! Schlafen Sie gut. Ich verständige Ihre Frau.« Und er verabschiedete sich mit einem kräftigen, trostreichen Händedruck.

Es hilft nichts: der beste Freund eines einsamen Häftlings ist sein Anwalt. Ich durfte mich glücklich schätzen, einen so brillanten Kopf als Verteidiger zu haben. Vielleicht setzt er es sogar durch, daß ich gegen Kaution entlassen werde.

Weiblicher Instinkt

Gloria ließ sich in unseren teuersten Fauteuil plumpsen und saß da, bleich, zusammengekauert, ein Bild des Jammers, ein Bündel Elend, ein Schatten ihres Wracks. Hatte ich wirklich dieselbe Gloria vor mir, die sich noch gestern zum Smart-set von Tel Aviv zählen durfte? Jene Gloria, die als eines der lebenslustigsten, attraktivsten Mädchen des ganzen Landes galt, es mag höchstens dreißig Jahre her sein? Was war ihr zugestoßen? Und warum war sie nicht mehr so jung wie früher? Sic transit Gloria Birnbaum, dachte ich unter schnöder Ausnützung ihres Vornamens. Der Name Birnbaum taugte zu nichts dergleichen. So hieß ihr Gatte.

Der war, wie sich zeigte, der Anlaß ihres Kommens und ihrer Verzweiflung.

»Ich muß mit dir sprechen«, begann Gloria. »Mein Mann betrügt mich.«

Ich erstarrte. Nathan Birnbaum betrügt seine Frau? Dieser stille, stets korrekte Brillenträger, dieses Muster von Ordnung, Recht, Gesetz und Feigheit geht fremd? Das ist das Ende. Das bedeutet den Zusammenbruch unseres Staatsgefüges: wenn sogar Nathan Birnbaum... Mir war zum Weinen. Aber ich ermannte mich und sammelte meine Stimme:

»Hast du Beweise, Gloria?«

»Beweise? Pah! Ich habe meinen Instinkt. Eine Frau braucht für so etwas keine Beweise. Sie spürt es. Aus hundert kleinen Anzeichen spürt sie es.«

Und sie gab mir das erste der hundert Anzeichen bekannt: Nathan legte ihr gegenüber ein völlig gleichgültiges Benehmen an den Tag. Er sprach kaum noch mit ihr.

»Wenn er sich wenigstens ab und zu eine kleine Aufmerksamkeit für mich einfallen ließe. Ein kleines Geschenk, oder Blumen, oder was immer. Aber damit ist es schon lange vorbei. Ich bin schon seit Monaten überzeugt, daß es eine andere Frau geben muß. Und vorige Woche wurde mein Verdacht bestätigt.«

»Bestätigt? Wie? Wodurch?«

»Nathan verwandelte sich plötzlich in den zärtlichsten aller Ehemänner. Bestand aus nichts als Liebe und Aufmerksamkeit. Kam mit kleinen Geschenken an, mit Blumen, oder was immer. Ob er mit mir ge-

sprochen hat? Pausenlos hat er mit mir gesprochen. Das ist typisch. Da weiß man sofort, woran man ist.«

»Aber Gloria, das alles...«

»Das alles reicht für eine liebende Frau vollkommen aus, um sie ins Bild zu setzen. Oder daß er plötzlich einen Appetit entwickelt wie ein junger Wolf. Besonders für Fische. Der Fisch enthält bekanntlich diese gewissen Proteine, die für den Mann in gewisser Hinsicht so wichtig sind. Jetzt frage ich dich: wozu braucht ein verheirateter Mann Proteine? Ich kann dir sagen, wozu. Er will sich für seine Nutten in Form bringen. Deshalb ißt er soviel.«

»Ich hatte den Eindruck, daß er in der letzten Zeit ein wenig abgenommen hat?«

»Natürlich hat er abgenommen. Er hält ja auch strenge Diät. Ißt nur noch Obst. Etwas anderes rührt er nicht mehr an. Damit er seinen Bauch wegbekommt. Geht in die Sauna. Läuft jeden Morgen vor dem Frühstück fünfmal um den Block. Macht Turnübungen. Liegt Tag und Nacht in der Sonne, um braun zu werden. Was tut ein Mann in seinem Alter mit Sonnenbräune?«

»Als ich ihn neulich traf, schien er mir eher blaß.«

»Stimmt. Glaub nur ja nicht, daß mir das entgangen wäre. Blaß? Krankhaft bleich. Sieht aus wie eine Leiche. Schleppt sich nur noch mühsam dahin. Bringt es vor Erschöpfung nicht mehr fertig, ums Haus zu laufen oder ein paar Turnübungen zu machen. Seine ganze Kraft geht auf seine erotischen Abenteuer drauf. Ist doch klar.«

»Gloria, du übertreibst.«

»Ich übertreibe nicht. Ich bin eifersüchtig, das gebe ich zu. Aber wenn ich höre, wie er sich im Bett hin- und herwälzt, schwinden meine letzten Zweifel: er kann nicht schlafen, weil er an seine Liebesaffären denkt. Vor ein paar Tagen hätte ich ihm beinahe die Pantoffeln über den Kopf geschlagen.«

»Weshalb, um Himmels willen?«

»Stell dir vor: ich wache auf – mein Blick fällt auf meinen Gatten neben mir – und was sehe ich? Er schläft. Schläft wie ein sattes Baby. Ich, seine Frau, wälze mich nachts im Bett hin und her, krank vor Eifersucht – und er schläft! So friedlich und entspannt schläft nur einer, der sein Glück gefunden hat. Womöglich träumt er noch von dieser anderen. Oder gleich von mehreren.«

Gloria begann leise zu weinen, und auch in mir stieg allmählich ein dumpfer Zorn gegen Nathan auf. Konnte der Kerl nicht etwas vorsichtiger sein? Mußte er sich alles anmerken lassen?

Mittlerweile hatte Gloria ihre Fassung wiedergewonnen:

»Und wo finde ich ihn gestern? Ich finde ihn in der Garage, wie er gerade seinen Wagen wäscht und auf Hochglanz poliert. Ebensogut hätte er mir gestehen können, daß er eine neue Freundin hat. Nein, mein Lieber, man muß wirklich kein Genie sein, um das alles zu durchschauen. Du kennst doch sicherlich diese Sorte von Ehemännern, die sich plötzlich zweimal am Tag rasieren und mit eingezogenem Bauch und einer neuen Krawatte vor dem Spiegel stehen, weil sie sich von ihrer verführerischen Wirkung überzeugen wollen?«

»Ja«, antwortete ich. »Ja, Gloria. Ich kenne diese Sorte von Ehemännern.«

»Siehst du!« Gloria triumphierte. »Und das alles macht mein Nathan nicht! Ich muß ihn zwingen, den Wagen zu waschen, ich muß ihm gut zureden, sich zu rasieren, sonst rennt er drei Tage lang mit Bartstoppeln im Gesicht herum. Damit will er mich täuschen, dieser raffinierte, niederträchtige, berechnende Lump..."

Gloria brach in Tränen aus:

»Ich liebe meinen Mann!« stieß sie hervor. »Was soll ich tun? Bitte sag mir, was ich tun soll!«

»Du mußt seine Eifersucht wecken, Gloria«, sagte ich. Und fügte der unmißverständlichen Deutlichkeit halber hinzu: »Du mußt ihn betrügen.«

»Das ist keine Lösung«, schluchzte Gloria. »Das mach' ich seit zwanzig Jahren.«

Warten auf Nebenzahl

7. April
Heute war es endlich soweit, daß unser Tisch unter der Last des festlichen Mahles zusammenbrach. Meine Frau war damit sehr einverstanden. Sie hatte das wackelige Möbelstück ohnehin schon seit langem loswerden wollen. Ich zersägte es freudig, und wir machten einen schönen Scheiterhaufen daraus.

Meine Frau behauptet, daß man in Jaffa Tische direkt beim Erzeuger kaufen kann. Das geht rascher und ist billiger.

8. April
Der Erzeuger, bei dem wir den Tisch bestellt haben, heißt Josef Nebenzahl. Seine Persönlichkeit machte auf uns einen besseren Eindruck als die seiner Konkurrenten. Er ist ein ehrlicher, aufrechter Mann von gewinnender Wesensart. Als wir bei ihm erschienen, steckte er bis über beide Ohren in der Arbeit. Sein gewaltiger Brustkorb hob und senkte sich mit imposanter Regelmäßigkeit, während er Brett um Brett zersägte, und die tadellos gehaltenen Maschinen stampften den Takt dazu. Für den Tisch verlangte er 360 Pfund Anzahlung. Meine Frau versuchte zu handeln, hatte aber kein Glück.

»Madame«, sagte Josef Nebenzahl und sah ihr mit festem Blick ins Auge, »Josef Nebenzahl leistet ganze Arbeit und weiß, was sie wert ist. Er verlangt nicht einen Piaster mehr und nicht einen Piaster weniger!«

So ist's recht, dachten wir beide. Das ist die Rede eines ehrlichen Mannes.

Ich fragte, wann der Tisch fertig wäre. Nebenzahl zog ein kleines Notizbuch aus seiner Hosentasche: Montag mittag. Meine Frau schilderte ihm in lebhaften Farben, wie es ohne Tisch bei uns zuginge, daß wir stehend essen müßten und daß unser Leben kein Leben sei. Nebenzahl ging in die Nebenwerkstatt, um sich mit seinem Partner zu beraten, kam zurück und sagte: »Sonntag abend.« Aber wir müßten den Transport bezahlen. Nachdem ich die Hälfte der Transportkosten erlegt hatte, nahmen wir Abschied. Nebenzahl schüttelte uns kräftig die Hand und sah uns mit festem Blick in die Augen: Mir könnt ihr vertrauen!

14. April
Bis Mitternacht haben wir auf den Tisch gewartet. Er kam nicht. Heute früh rief ich Nebenzahl an. Sein Partner sagte mir, daß Nebenzahl auswärts zu tun hätte, und er selbst wüßte nichts von einem Tisch. Aber sobald Nebenzahl zurückkäme, würde er uns anrufen. Nebenzahl rief uns nicht an. Wir sind in einiger Verlegenheit. Unsere Mahlzeiten nehmen wir, wie ich beschämt gestehen muß, auf dem Teppich ein.

15. April
Ich fuhr nach Jaffa, um Krach zu schlagen. Nebenzahl steckte bis über beide Ohren in der Arbeit. Die Kreissäge, die er mit mächtiger Hand bediente, warf Garben von Sägespänen um sich. Ich mußte mich vorstellen, da er sich nicht mehr an mich erinnern konnte. Dann erklärte er mir, daß sein bester Arbeiter verfrüht zum Militärdienst eingezogen worden sei, und versprach mir den Tisch für morgen 4 Uhr nachmittag. Wir einigten uns auf 3.30 Uhr. Ur-

sprünglich hatte ich auf 3 Uhr bestehen wollen, aber das ließ sich nicht machen. »Nebenzahl ist wie eine Präzisionsuhr«, sagte Nebenzahl. »Keine Sekunde früher und keine Sekunde später.«

17. April
Nichts. Ich rief an. Nebenzahl, so erfuhr ich von seinem Kompagnon, hatte sich in die Hand geschnitten, so daß der Tisch erst morgen zugestellt werden könnte. Nun, ein Tag mehr oder weniger spielte wirklich keine Rolle.

18. April
Der Tisch kam nicht. Meine Frau behauptet, das von Anfang an gewußt zu haben. Nebenzahls schiefer, betrügerischer Blick hätte ihr sofort mißfallen. Dann rief sie in Jaffa an. Nebenzahl selbst war am Telefon und fand überzeugende Worte des Trostes. Das Tischholz hätte unvorhergesehene Schwellungen entwickelt, jetzt aber sei es im Druckrahmen, und der Tisch sei so gut wie fertig. Wie er denn aussähe? fragte meine Frau. Das ließe sich telefonisch schwer sagen, antwortete Nebenzahl, der ein Feind aller unbestimmten Auskünfte war. Außerdem seien die Beine noch nicht eingesetzt, aber das würde nicht länger als drei Tage dauern, und das Polieren nicht länger als zwei.

Wir haben bereits große Übung im Sitzen mit untergeschlagenen Beinen. Die Japaner, ein altes Kulturvolk, nehmen ihre Mahlzeiten seit Jahrtausenden auf diese Weise ein.

21. April
Nebenzahls Partner rief uns aus freien Stücken an, um uns vorsorglich mitzuteilen, daß der Polierer

Mumps bekommen hätte. Meine Frau erlitt am Telefon einen hysterischen Anfall. »Madame«, sagte Nebenzahls Partner, »wir könnten den Tisch im Handumdrehen fertigmachen, aber wir wollen Ihnen doch eine erstklassige Handwerkerarbeit liefern. Morgen um 2 Uhr bringen wir Ihnen den Tisch und trinken zusammen eine Flasche Bier.«

22. April
Sie brachten den Tisch weder um 2 Uhr noch später. Ich rief an. Nebenzahl kam ans Telefon und wußte von nichts, versprach uns aber einen Anruf seines Partners.

23. April
Ich fuhr mit dem Bus nach Jaffa. Nebenzahl steckte bis über beide Ohren in der Arbeit. Als er mich sah, fuhr er mich unbeherrscht an: Ich sollte ihn nicht immer stören, unter solchem Druck könne er seinen Verpflichtungen nicht nachkommen. Der Tisch, so setzte er etwas ruhiger fort, sei in Arbeit. Was wollte ich also noch? Er führte mich in die Werkstatt und zeigte mir die Bretter. Ein ganz spezielles Holz erster Qualität. Stahlhart. Wann? Ende nächster Woche. Sonntag vormittag. Um 10 Uhr würde er mich anrufen.

5. Mai
Selbst diesen strahlenden Sonntag mußte mir meine Frau durch ihre Unkenrufe verderben. »Sie werden nicht liefern«, sagte sie. »Sie werden liefern«, sagte ich. »Ich habe das Gefühl, daß es diesmal klappen wird.«

»Sie werden nicht liefern«, wiederholte meine Frau mit typisch weiblicher Hartnäckigkeit. »Du wirst schon sehen. Die Säge ist gebrochen.« Zu Mittag rief ich an. Nebenzahl teilte mir mit, daß sie noch an der Arbeit wären. Sie hätten im Holz ein paar kleinere Sprünge entdeckt und wollten keine zweitklassige Handwerkerarbeit abliefern.

Meine Frau hatte wieder einmal unrecht gehabt. Es war nicht die Säge, es waren Sprünge im Holz. Ende nächster Woche.

12. Mai
Nichts. Meine Frau hat sich bereits damit abgefunden, daß wir noch mindestens einen Monat warten müßten. Höchstens vierzehn Tage, sage ich.

Ich rief an. Der Kompagnon teilte mir mit, daß Nebenzahl seit vorgestern abwesend sei; irgendwelche Geschichten am Zollamt. Aber er glaubte von ihm ganz deutlich gehört zu haben, daß der Tisch in spätestens drei Wochen fertig wäre. Wir brauchten gar nicht mehr anzurufen – pünktlich am Morgen des 3. Juni würde der Tisch vor unserem Haus abgeladen.

»Siehst du«, wandte ich mich an meine Frau. »Du hast von einem Monat gesprochen, ich von vierzehn Tagen. Drei Wochen sind ein schöner Kompromiß.«

Wir essen zurückgelehnt, wie die Römer. Sehr reizvoll.

3. Juni
Nichts. Anruf: keine Antwort. Meine Frau: Mitte August. Ich: Ende Juli. Fuhr mit dem Bus nach Jaffa. An der Endstation hielt gerade ein Taxi, der Fahrer steckte den Kopf zum Fenster heraus und brüllte: »Nebenzahl, Nebenzahl!« Sofort stiegen zwei wei-

tere Passagiere ein. Einer von ihnen hatte seit sechs Monaten Präsenzdienst bei Nebenzahl, wegen einer Sesselgarnitur. Der andere, ein Physikprofessor, wartet erst seit zwei Monaten auf seinen Arbeitstisch. Unterwegs freundeten wir uns herzlich an. In Nebenzahls Werkstatt fanden wir nur den Kompagnon vor. Alles würde sich bestens regeln, sagte er. Mir raunte er verstohlen ins Ohr, daß Nebenzahl ganz ausdrücklich von Ende Juli gesprochen hätte, hundertprozentig Ende Juli. Ich warf einen Blick in die Werkstatt. Die stahlharten Bretter waren verschwunden.

Auf dem Rückweg diskutierten wir über Nebenzahls Persönlichkeit, über die Arbeit, die ihn so sehr in Anspruch nimmt, und über sein Bestreben, es allen recht zu machen. Daran wird er noch zugrunde gehen. Schon jetzt sieht er aus wie ein gehetztes Wild. Wir beschlossen, uns nächste Woche wieder an der Ausgangsstation der Nebenzahl-Linie zu treffen.

Meine Frau leugnet, sich jemals auf Ende August festgelegt zu haben. In gerechtem Zorn verlangte ich, daß von jetzt an alles schriftlich niedergelegt werden müßte.

30. Juli
Ich wette 5 Pfund auf den Termin Laubhüttenfest, das heuer in die erste Oktoberhälfte fällt. Meine Frau konterte mit dem Jahresende (Gregorianischer Kalender). Ihre Begründung: Geburt eines Sohnes bei Nebenzahls. Meine Begründung: Kurzschluß. Alles schriftlich festgehalten.

An der Haltestelle stieß ein weiterer Nebenzahl-Satellit zu uns, ein älteres Mitglied des Obersten Gerichtshofs (Büchergestell, zwei Jahre). Der Konvoi rollte nach Jaffa. Nebenzahl steckte bis über beide Ohren in der Arbeit. Durch Garben von Sägespänen und das Dröhnen der Maschinen rief er uns zu, daß er unmöglich mit jedem einzelnen von uns sprechen könne. Ich wurde durch Akklamation zum Sprecher der Gruppe bestimmt. Nebenzahl versprach – diesmal feierlich –, daß Ende November alles geliefert sein würde, mein Tisch sogar etwas früher, um das jüdische Neujahr herum. Warum so spät? Weil Nebenzahls eine Tochter erwarten. Der Physikprofessor schlug vor, daß wir auch untereinander Wetten abschließen sollten. In der gleichen Straße befände sich ein Buchdrucker (Schaukelstuhl, 18 Monate), der uns die nötigen Totoformulare drucken würde. Gründung eines Nebenzahl-Clubs.

21. August
Diesmal fand die Clubsitzung bei uns statt. 31 Teilnehmer. Das Mitglied des Obersten Gerichtshofs brachte die endgültig formulierten Statuten des Nebenzahl-Clubs mit. Wer ordentliches Mitglied werden will, muß mindestens sechs Monate gewartet haben. Mit geringerer Wartezeit wird man nur Kandidat. Genehmigung der Wettformulare. Es sind jeweils drei Sparten auszufüllen: a) versprochenes Datum der Fertigstellung, b) Ausrede, c) tatsächliches Datum der Lieferung (Tag, Monat, Jahr). Mit großer Mehrheit wurde beschlossen, ein Porträt in Auftrag zu geben: Josef Nebenzahl, bis über beide Ohren in Arbeit steckend und dem Beschauer mit festem Blick in die Augen sehend.

Die Clubmitglieder sind ungewöhnlich nette Leute, ohne Ausnahme. Wir bilden eine einzige, große, glückliche Familie. Alle essen auf dem Fußboden.

2. Januar
Heute war ich an der Reihe, bei Nebenzahl vorzusprechen. Er entschuldigte sich für die Verspätung: Zeugenaussage vor Gericht. Zeitverlust. Dann zog er ein kleines Notizbuch aus seiner Hosentasche, blätterte, überlegte angestrengt und versprach mir bindend, übermorgen nachmittag mit der Arbeit an unserem Tisch zu beginnen. Wir füllten sofort die Formulare aus. Meine Frau: 1. Juni. Ich: 7. Januar nächsten Jahres.

1. Februar
Festversammlung des Nebenzahl-Clubs. Ständiges Anwachsen der Mitgliedschaft. Am Toto beteiligen sich bereits 104 Personen. Die Inhaberin eines Schönheitssalons hatte 50 Pfund auf die Lieferung einer Ersatz-Schublade gewettet (15. Januar, Grippe, 7. Juli) und gewann 500 Pfund, da sie sowohl die beiden Daten als auch die Ausrede richtig erraten hatte. Die Festsitzung wurde durch eine musikalische Darbietung unseres Kammerquartetts eröffnet (drei Stühle, eine Gartenbank). Im Rahmen des Kulturprogramms hielt der Prorektor des Technikums in Haifa einen Vortrag über das Thema ›Der Tisch – ein überflüssiges Möbel‹. Seine lichtvollen Ausführungen über die Speisegewohnheiten des frühen Neandertalers fanden größtes Interesse. Nach dem Bankett erfolgte in drei Autobussen die traditionelle Pilgerfahrt nach Jaffa. Nebenzahl steckte bis über beide Ohren in der Arbeit. Er versprach, bis Freitag nachmittag alles fertigzustellen. Die Verzögerung sei auf einen Todesfall in seiner Familie zurückzuführen.

4. September
Unser Exekutivkomitee bereitet die Errichtung eines medizinischen Hilfsfonds für Nebenzahl-Kunden vor. Es wurde ferner beschlossen, eine Monatszeitschrift mit dem Titel ›Ewigkeit‹ herauszugeben, die sich mit aktuellen Fragen beschäftigen soll: Beschreibung neuer Maschinen in den Nebenzahl-Werkstätten (mit Fotos), Namenslisten der zum Militärdienst einberufenen Werkmeister, Gesellen und Gehilfen, Resultate des Nebenzahl-Totos, Führungen durch Jaffa, eine ständige Rubrik ›Neues aus der Welt der Tischlerei‹ und anderes mehr. Das Training unserer Korbballmannschaft findet jetzt zweimal wöchentlich statt. Wir machen gute Fortschritte. Die Mittel für den Bau eines Clubhauses sollen durch Anleihen aufgebracht werden.

Nach Schluß der Sitzung wurde der in den Statuten vorgeschriebene Anruf nach Jaffa durchgeführt. Nur der Kompagnon war da. Nebenzahl befindet sich auf Hochzeitsreise. Der Kompagnon versprach, für beschleunigte Abwicklung zu sorgen. Meine Frau setzte 300 Pfund auf den 17. August in drei Jahren.

10. Januar
Etwas vollkommen Unerklärliches ist geschehen. Heute vormittag erschien Josef Nebenzahl vor unserem Haus und zog eine Art von Tisch hinter sich her. Wir fragten uns vergebens, was er wohl im Schilde führen mochte. Nebenzahl erinnerte uns, daß wir vor geraumer Zeit – er wüßte nicht mehr genau, wann – bei ihm einen Tisch bestellt hätten, und der wäre jetzt also fertig. Offenbar handelte er in geistiger Umnachtung. Seine Augen flackerten.

»Nebenzahl verspricht, Nebenzahl liefert«, sagte er. »Bitte zahlen Sie den Transport.«

Es war ein fürchterlicher Schlag für uns. Adieu, Nebenzahl-Club, adieu, Vorstandsitzungen, Kulturprogramm und Wetten. Aus und vorbei. Und das Schlimmste ist: Wir wissen nicht, was wir mit dem Tisch machen sollen. Wir können längst nicht mehr im Sitzen essen. Meine Frau meint, wir sollten uns nach den Mahlzeiten unter dem Tisch zur Ruhe legen.

Gefahren des Wachstums

Unsere Renana ist ein liebes Kind. Sie hat etwas an sich ... ich weiß nicht, wie ich es nennen soll ... etwas Positives. Ja, das ist es. Es läßt sich nicht genauer bestimmen, aber es ist etwas Positives. Andere Kinder stecken alles, was sie erreichen können, in den Mund oder treten darauf und ruinieren es. Nicht so Renana. Plumpe Gewaltanwendung liegt ihr fern. Wenn ihr etwas in die Hände gerät, wirft sie es einfach vom Balkon hinunter. Immer wenn ich nach Hause komme, also täglich, verbringe ich eine geraume Zeitspanne mit dem Aufklauben der verschiedenen Gegenstände, die das Pflaster unter unserem Balkon bedecken. Manchmal eilen ein paar herzensgute Nachbarn herbei und helfen mir beim Einsammeln der Bücher, Salzfässer, Aschenbecher, Schallplatten, Schuhe, Transistorgeräte, Uhren und Schreibmaschinen. Manchmal läuten sie, die Nachbarn, auch an unserer Türe, in den Armen die Abfallprodukte des Hauses Kishon, und fragen:

»Warum geben Sie dem Baby diese Sachen zum Spielen?«

Als ob wir die Geber wären. Als ob Baby sich die Sachen nicht selbst nehmen könnte. Sie ist ein sehr gut entwickeltes Kind, unsere Renana. Die letzte Höhenmessung, die wir an der Türe markierten, belief sich auf 71 cm. Daß sie mit erhobener Hand ungefähr 95 cm erreicht, war leicht zu berechnen.

»Ephraim., sagte die beste Ehefrau von allen, »die Gefahrenzone liegt knapp unter einem Meter.«

Unser Leben verlagerte sich auf eine dementsprechend höhere Ebene. In einer blitzschnellen Überraschungsaktion wurden sämtliche Glas- und Porzellangegenstände aus sämtlichen Zimmern auf das Klavier übersiedelt, die unteren Regale meines Büchergestells wurden evakuiert und die Flüchtlinge in höheren Regionen angesiedelt. Die Kristallschüssel mit dem Obst steht jetzt auf dem Wäscheschrank, die Schuhe haben in den oberen Fächern eine Bleibe gefunden, zwischen den Smokinghemden. Meine Manuskripte, zu sorgfältigen Haufen gestapelt, liegen in der Mitte des Schreibtisches, unerreichbar für Renana und somit ungeeignet zur Verwendung als Balkonliteratur.

Bei aller väterlichen Liebe konnte ich ein hämisches Grinsen nicht gänzlich unterdrücken:

»Nichts mehr da zum Werfi-Werfi-Machen, was, Renana?«

Renana griff zum einzig erfolgverheißenden Gegenmittel: sie wuchs. Wir wissen von Darwin, daß die Giraffe wachsen mußte, um die nahrhaften Blätter in den Baumkronen zu erreichen. So wuchs auch unsere Tochter immer höher, immer höher, bis nur noch ein paar lächerliche Zentimeter sie vom Schlüssel des Kleiderschranks trennten.

Das veranlaßte ihre Mutter zu folgender Bemerkung: »An dem Tag, an dem das Kind den Schlüssel erreicht, ziehe ich aus.«

Sie zieht immer aus, wenn die Lage bedrohlich wird. Diesmal durfte sie beinahe auf mein Verständnis rechnen. Besonders seit das mit dem Telefon passiert war. Unser Telefon stand seit jeher auf einem kleinen, strapazierfähigen Tischchen, dessen Platte leider unterhalb des olympischen Minimums liegt. Infolgedessen hatte Renana den Steckkontakt aus der Wand gerissen und das Instrument auf den Boden geschleudert. In die Trümmer hinein erscholl ihr triumphierendes Krähen: »Hallo-hallo-hallo!«

Ihre Mutter, die gerade ein längeres Gespräch mit einer Freundin vorhatte, kam zornbebend herbeigesaust, legte ihr Unmündiges übers Knie und rief bei jedem Klaps:

»Pfui, pfui, pfui! Telefon nicht anrühren! Nicht Telefon! Pfui, pfui, pfui!«

Der Erfolg dieser pädagogischen Maßnahme trat unverzüglich zutage. Renana hörte auf, »Hallo-hallo-hallo!« zu rufen, und rief statt dessen: »Pfui-pfui-pfui!« Das war allerdings nicht ganz das, was wir brauchten. Ich erhöhte die Tischplatte um ein paar dicke Lexikonbände und placierte das Telefon zuoberst.

Als ich einige Tage später nach Hause kam, stolperte ich über den Band ›Aach – Barcelona‹ und wußte, daß unser Telefon gestört war.

Vor den Resten des einstigen Apparates saß schluchzend die beste Ehefrau von allen:

»Wir sind am Ende, Ephraim. Renana vergilt uns Gleiches mit Gleichem.«

Tatsächlich hatte Renana die alte strategische Weisheit entdeckt, daß man den Feind am besten mit seinen eigenen Waffen schlägt. Anders ausgedrückt: Sie hatte ein paar Kissen herangeschleppt und ihre Aktionshöhe dadurch auf 1,40 m hinaufgeschraubt, so daß es ihr ein leichtes war, das Telefon zu erreichen.

Unser Lebensniveau stieg aufs neue. Briefpapier und wichtige Manuskripte wanderten in das Schutzgebiet auf dem Klavier. Die Schlüssel wurden an eigens in die Wand getriebenen Nägeln aufgehängt. Meine Schreibmaschine landete auf dem Kaminsims, wo sie sich ebenso unpassend ausnahm wie das Radio auf der Pendeluhr. In meinem Arbeitszimmer hingen die Bleistifte und Kugelschreiber an dünnen Seilen von der Decke herunter.

All dessen ungeachtet, ließ des Nachbars Söhnchen, dem gegen angemessenes Entgelt das Einsammeln der vom Balkon geschleuderten Gegenstände oblag, mindestens dreimal täglich das vereinbarte Signal erschallen, welches uns anzeigte, daß wieder ein voller Korb vor der Türe stand. Unser Leben wurde immer komplizierter. Nach und nach hatten sich alle Haushaltsgegenstände in der Klavierfestung verschanzt, und wer telefonieren wollte, mußte auf den Klosettdeckel steigen.

Die beste Ehefrau von allen, weitblickend wie immer, wollte von mir wissen, was wir wohl in einigen Jahren von Renana zu erwarten hätten.

Ich vermutete, daß sie zu einem erstklassigen Basketballspieler heranwachsen würde.

»Vielleicht hast du recht, Ephraim«, war die hoffnungslos resignierte Antwort. »Sie steigt bereits auf Stühle.«

Eine Rekonstruktion des Vorgangs, der offensichtlich nach dem Hegelschen Gesetz des Fortschritts erfolgt war, ergab, daß Renana zuerst ihren Weg auf ein paar aufgeschichtete Kissen genommen hatte, von dort auf einen Stuhl und von dort auf unsere Nerven. Unser Lebensstandard erreichte eine neuerliche Steigerung auf 1,60 m.

Alles Zerbrechliche, soweit noch vorhanden, wurde jetzt auf das Klavier verfrachtet, einschließlich meiner Schreibmaschine. Diese Geschichte schreibe ich in einer Höhe von 1,80 m über dem Teppichspiegel. Gewiß, ich stoße mit dem Kopf gelegentlich an die Decke, aber die Luft hier oben ist viel besser. Der Mensch gewöhnt sich an alles, und seine Kinder sorgen dafür, daß immer noch etwas Neues hinzukommt. So werden beispielsweise die Bilder, die bisher unsere Wände geschmückt haben, fortan die

Decke verzieren, so daß unsere Wohnung zu freundlichen Erinnerungen an die Sixtinische Kapelle anregt. Sie wird überdies in zwei Meter Höhe von allerlei Drähten durchkreuzt, an denen die wichtigsten Haushaltsgeräte hängen. Unsere Mahlzeiten nehmen wir in der Küche ein, ganz oben auf der Stellage, dort, wo wir früher die unbrauchbaren Hochzeitsgeschenke untergebracht hatten. Wir leben gewissermaßen in den Wolken. Allmählich lernen wir, auf der Decke zu gehen, klettern an den Vorhangstangen hoch, schwingen uns zum Luster und weiter mit kühnem Sprung zum obersten Fach der Bibliothek, wo die Schüssel mit den Bäckereien steht...

Und Renana wächst und wächst.

Pfui-pfui-pfui.

Gestern abend stieß die beste Ehefrau von allen, während sie oben in einer Baumkrone mit Näharbeiten beschäftigt war, einen schrillen Schrei aus und deutete mit zitternder Hand nach unten:

»Ephraim! Schau!«

Unten begann Renana gerade eine Leiter zu ersteigen, behutsam und zielstrebig, Sprosse um Sprosse. Ich gebe auf. Ich habe die beste Ehefrau von allen gebeten, meine Geschichten weiterzuschreiben und mich zu verständigen, sobald Renana zu Ende gewachsen ist. Bis dahin bin ich am Boden zerstört.

Bargeldloser Verkehr

Es begann, wie schon manches Unglück begonnen hat: mit Zahnschmerzen. Der Zahnarzt entdeckte in einem meiner Zähne ein Loch, verabfolgte mir eine Injektion, griff zum Bohrer, bohrte und stellte mittendrin den Bohrer wieder ab.

»Bedaure«, sagte er, während er aus seinem Kittel schlüpfte. »Eine weitere Behandlung ist für mich nicht der Mühe wert.«

Ich lag hilflos im Operationssessel, eine Klammer im Mund, unfähig zu sprechen.

»Mein Nettoeinkommen hat bereits die Höhe von 1000 Pfund monatlich erreicht«, sagte der Zahnarzt und fing an, seine Instrumente zu versorgen. »Von jedem weiteren Pfund, das ich jetzt noch verdiene, muß ich 80 Prozent Steuer zahlen. Es ist nicht der Mühe wert.«

Ich gab ihm durch verzweifelte Gebärden zu verstehen, daß es mir trotzdem lieber wäre, wenn er die Behandlung fortsetzte.

»Es ist auch für Sie nicht der Mühe wert.« Mit diesen Worten erlöste er mich von der Klammer. »Sie müssen 3000 Pfund verdienen, um 600 zu behalten und meine Rechnung zahlen zu können. Mir bleiben dann, nach Versteuerung dieser Summe, noch 120 Pfund, mit denen ich den Fahrlehrer meiner Frau bezahlen wollte. Anders ausgedrückt: von den 3000 Pfund, die Sie verdienen, bekommt der Fahrlehrer 120, von denen ihm 24 bleiben.«

»Immerhin netto«, entgegnete ich zaghaft.

»Das stimmt. Besser gesagt: es würde stimmen, wenn der Fahrlehrer sein Stundenhonorar nicht auf

48 Pfund netto verdoppelt hätte. Das bedeutet, daß ich Ihre Zahnarztrechnung verdoppeln müßte, um den Fahrlehrer bezahlen zu können. Und jetzt frage ich Sie nochmals: Ist das für Sie der Mühe wert?«

Ich antwortete mit einer Gegenfrage, die zum ständigen Wortschatz des israelischen Bürgers gehört:

»Habe ich von Ihnen eine Empfangsbestätigung verlangt?«

»Pfiffig, pfiffig.« Der Zahnarzt wiegte anerkennend den Kopf. »Aber ich will keine Scherereien haben. Ich gebe der Steuerbehörde mein ganzes Einkommen an.«

»Dann haben Sie ein gutes Gewissen und ich ein Loch im Zahn.«

»Nicht unbedingt. Sie können die 48 Pfund direkt an den Fahrlehrer meiner Frau auszahlen. Damit wären wir beide gedeckt.«

»Und was soll ich den Leuten von der Steuer sagen, wenn sie in den Büchern des Fahrlehrers entdecken, daß ich die Stunden Ihrer Frau bezahle?«

»Sagen Sie ihnen, daß meine Frau Ihre Geliebte ist.«

»Kann ich ein Photo von ihr sehen?«

»Ich dachte lediglich an die Steuer.«

Nach einigem Hin und Her überredete ich ihn, die Bohrarbeiten in der folgenden Woche fortzusetzen.

Leider ergaben sich Schwierigkeiten mit dem Fahrlehrer.

»Bis Ende August«, teilte er mir mit, »rühre ich kein Geld mehr an, sonst komme ich in eine höhere Steuerklasse. Nicht zu machen.«

»Könnte ich vielleicht Ihre Rechnung beim Lebensmittelhändler übernehmen?«

»Die zahlt schon der Möbelfabrikant, dem ich Fahrunterricht gebe. Ich bin sehr gut organisiert, müssen Sie wissen. Der Anstreicher, der bei mir Motorradfahren lernt, hat anstelle eines Honorars die Wohnung meiner Schwester ausgemalt. Meine Garagenrechnung zahlt ein Modezeichner. Können Sie singen?«

»Nicht sehr gut.«

»Schade. Sonst hätte ich bei Ihnen Gesangstunden genommen. Sammeln Sie Briefmarken?«

»Nicht der Rede wert.«

»Hm. Warten Sie. Wenn Sie für den Fahrunterricht, den ich der Frau Ihres Zahnarzts gebe, unseren Babysitter bezahlen – wie wäre das?«

Ich hielt das für eine gute Lösung, aber die junge Dame, die bei Fahrlehrers als Babysitter engagiert war, hatte Bedenken. Sie nähme von fremden Männern kein Geld, sagte sie, und gab ihren Widerstand auch dann nicht auf, als ich ihr Empfehlungsschreiben von meinem Installateur, meinem Gärtner, dem Schönheitssalon meiner Frau und von meinem Rechtsanwalt vorlegte, die alle bezeugten, daß ich meine Rechnungen immer pünktlich, immer in bar, immer ohne Empfangsbestätigung beglich.

»Nein, ich will mich niemandem in die Hand geben«, beharrte sie. »Tut ihnen der Zahn sehr weh?«

»Es wird jeden Tag schlimmer.«

»Dann kaufen Sie mir Kontaktlinsen.«

»Gern. Aber was soll ich der Steuerbehörde sagen, wenn sie in den Büchern des Optikers entdeckt…«

»Sagen Sie ganz einfach, daß ich Ihre Geliebte bin.«

»Bedaure, die Stelle ist schon besetzt. Brauchen Sie vielleicht einen Regenmantel?«

»Noch vor ein paar Wochen hätte ich einen gebraucht. Aber jetzt hat das junge Ehepaar in unserem Haus ein Baby bekommen, auf das ich aufpassen muß… Wissen Sie, was? Sie zahlen mir ein Wochenende in Tiberias mit voller Pension!«

Der Vorschlag sagte mir zu. Später erfuhr ich, daß es auch mit den Kontaktlinsen geklappt hätte. Es gibt in Tel Aviv bereits mehrere Optiker, die zusätzlich Bürobedarfsartikel verkaufen und für die Gesamtsumme eine Bestätigung ausstellen, die der Käufer als ›Berufsspesen‹ von der Steuer absetzen kann. Es gibt auch Antiquitätenhändler, die ihre gefälschten Tonkrüge mit Schreibmaschinen koppeln, und Schönheitssalons, in denen man statt der Massagerechnung eine Quittung für Übersetzungsarbeiten bekommt. Die Anrainer des Mittelmeers sind äußerst flexibel und finden sich in den Winkelzügen des Daseins rasch zurecht. Das zeigte sich auch in Tiberias.

»Ein Wochenendzimmer für den Babysitter des Fahrlehrers wäre unter Umständen noch frei«, sagte der Hotelbesitzer. »Aber nicht telefonisch.«

Ich setzte mich in den Wagen und fuhr nach Tiberias, um die Angelegenheit ins reine zu bringen.

»Lassen Sie mich sehen.« Der Hotelbesitzer blätterte in seinen geheimen Aufzeichnungen. »Der erste Stock ist bereits ausgebucht. Da wohnt der Musiklehrer meiner Tochter, der Besitzer unserer Wäscherei und in der großen Suite unser Steuerberater. Bei uns wird nur noch in Sach- und Tauschwerten bezahlt. Geld nehmen wir nicht, weil wir sonst 80 Prozent ...«

»Ich weiß, ich weiß. Aber wie soll ich dann meine Rechnung für den Babysitter zahlen? Haben Sie ein Kleinkind zur Verfügung?«

»Nein.«

»Kann ich bei Ihnen Teller waschen?«

»Im Augenblick nichts frei. Aber da fällt mir etwas ein: Sie können meinen Zahnarzt bezahlen.«

Und so schloß sich der Kreis. Der Zahnarzt des Hotelbesitzers nahm kein Geld an, um nicht in eine höhere Steuerklasse zu kommen, und verlangte statt dessen ein Flugticket nach Uruguay für seine Schwiegermutter, das ich gegen Erlag von 3000 Eiern erstand, mit denen die Redaktion einer führenden Wochenzeitung mein Honorar abgegolten hatte. Der Zahn wurde mir von einem Pfuscher bar gezogen.

Was immer man gegen unsere Regierung einwenden mag, und das ist eine ganze Menge – eines muß man ihr lassen: sie ist auf dem besten Weg, uns durch ihre weise Steuerpolitik vom Fluch des Geldes zu erlösen.

Die vollkommene Ehe

Wie das bei gesellschaftlichen Veranstaltungen mit intellektueller Schlagseite üblich ist, zogen sich die Damen auch diesmal in eine entgegengesetzte Ecke des Salons zurück, und wir Männer blieben fix den Rest des Abends unter uns. Der Bogen unserer Gesprächsthemen reichte von den Problemen der Einkommensteuer über die Watergate-Affäre bis zum ›Letzten Tango in Paris‹, bei dem wir uns ein wenig länger aufhielten, wahrscheinlich deshalb, weil die meisten Anwesenden im ungefähr gleichen Alter standen wie Marlon Brando.

»In diesem Alter«, bemerkte Ingenieur Glick, »kommt man als Mann nicht länger um die Erkenntnis herum, daß die Institution der Ehe eine Katastrophe ist.«

Wie eine sofort durchgeführte demoskopische Umfrage ergab, sind 85 Prozent aller Ehen schlecht, 11 Prozent schlechthin unerträglich, 3 Prozent gehen gerade noch an, und von einer weiß man's nicht.

Wäre es möglich, so fragten wir uns, daß die Schuld an diesen deprimierenden Ziffern bei uns Männern läge? Die Ansichten divergierten. Jemand erzählte von seinem Wohnungsnachbar, der seit 32 Jahren glücklich verheiratet sei, allerdings mit fünf Frauen hintereinander.

»Das ist keine Kunst.« Einer der bisher schweigsamen Gäste namens Gustav Schlesinger meldete sich zu Wort. Sich scheiden lassen und immer wieder eine andere heiraten – mit solchen Tricks kann man natürlich glücklich verheiratet sein. Aber nehmen Sie Clarisse und mich. Wir leben seit zwanzig Jahren miteinander in vollkommen harmonischer Ehe.«

Alle starrten den gutaussehenden, eleganten, an den Schläfen schon ein wenig ergrauten Sprecher an.

»Nicht als wäre Clarisse ein Himmelsgeschöpf«, fuhr er fort. »Oder als wären unsere Kinder keine ungezogenen Rangen. Nein, daran liegt es nicht. Sondern wir haben entdeckt, warum so viele Ehen auseinandergehen.«

»Warum? Was ist der Grund?« Von allen Seiten drangen die wißbegierigen Fragen auf ihn ein. »Erklären Sie sich deutlicher! Was ist es, weshalb die meisten Ehen scheitern?«

»Es sind Kleinigkeiten, meine Herren. Es sind die kleinen Dinge des Alltags, die täglichen Reibereien, die zwei miteinander verbundenen Menschen das Leben zur Hölle machen. Lassen Sie mich einige Beispiele anführen.

Ich möchte schlafen gehen – meine Frau möchte noch lesen. Ich erwache am Morgen frisch und tatendurstig – meine Frau fühlt sich müde und wünscht noch zu schlafen. Ich lese beim Frühstück gerne die Zeitung – meine Frau würde es vorziehen, mit mir zu plaudern. Ich esse gerne Radieschen – sie kann keinen Lärm vertragen. Ich gehe gerne spazieren – sie hört gerne Musik. Ich erwarte einen dringenden geschäftlichen Anruf aus New York – sie plappert stundenlang mit einer Freundin über das Dienstbotenproblem. Ich lege Wert darauf...«

An dieser Stelle wurde er von mehreren Gästen unterbrochen:

»Keine Details, bitte. Wir wissen, was Sie meinen. Sie sprechen zu erfahrenen Ehegatten. Was ist die Lösung des Problems?«

»Die Lösung liegt im guten Willen der Beteiligten.

Man muß die kleinen Gegensätzlichkeiten, wie sie sich unter Eheleuten zwangsläufig ergeben, im Geiste der Toleranz, der Güte, des wechselseitigen Verständnisses bewältigen. Ich erinnere mich eines Abends, als Clarisse den von unserm heimischen Fernsehen ausgestrahlten Tarzan-Film, ich hingegen im jordanischen Fernsehen die Darbietung der vermutlich auch Ihnen bekannten Bauchtänzerin Fatimah sehen wollte. Damals hätte es beinahe einen Krach gegeben. Aber dazu kam es nicht. Mitten in der Auseinandersetzung hielten wir plötzlich inne und begannen zu lachen. ›Warum‹, so fragten wir einander, ›warum sollte jeder von uns nur seine eigenen Handtücher haben? Warum machen wir von dieser Methode nicht auch bei anderen Anlässen Gebrauch?‹ Und am nächsten Tag kaufte ich ein zweites Fernsehgerät für Clarisse. Von da an waren alle Streitigkeiten über die Frage, welches Programm wir einschalten wollten, endgültig vorbei.«

Gustav Schlesinger machte eine Pause.

»Ist das alles?« wurde er gefragt.

»Nein, das war erst der Anfang. Nach und nach setzte sich dieses dualistische Prinzip auch für die anderen Aspekte unseres Zusammenlebens durch. Ich abonnierte je zwei Exemplare der von uns bevorzugten Zeitungen und Zeitschriften, wir hatten zwei Transistoren zu Hause, zwei Filmkameras, zwei Kinder. Ich schenkte Clarisse einen Zweitwagen, um ihre Bewegungsfreiheit zu fördern, und wir vermauerten unseren Balkon, um für mich ein zweites Schlafzimmer daraus zu machen.«

»Aha!« Beinahe einstimmig brach der Kreis der Umstehenden in diesen Ruf aus. »Aha!«

»Kein Aha«, replizierte Schlesinger. »Im Gegenteil, unsere eheliche Beziehung erklomm einen neuen

Gipfel, und der Erwerb eines zweiten Telefons beseitigte die letzte Möglichkeit einer Störung unserer Harmonie.«

»Aber all diese Dinge kosten doch eine Menge Geld?« lautete die jetzt an Schlesinger gerichtete Frage.

»Für eine glückliche Ehe darf kein Opfer zu groß sein. Mit etwas gutem Willen lassen sich auch die finanziellen Probleme bewältigen, die durch den guten Willen entstehen. So habe ich zum Beispiel ein Atelier im obersten Stockwerk unseres Hauses gemietet, obwohl ich dafür einen Bankkredit aufnehmen mußte.«

»Atelier? Was für ein Atelier?«

»Meines. Der umgebaute Balkon war zweifellos eine große Hilfe, aber es blieben immer noch ein paar kleinere Reibungsflächen übrig. Etwa das gemeinsame Badezimmer. Oder unsere Kleiderablage. Oder unsere Gespräche. Als Clarisse in Erfahrung brachte, daß oben ein Atelier frei würde, war unser Entschluß sogleich gefaßt, und eine Woche später übersiedelte ich hinauf. Sie können sich nicht vorstellen, wie gut das unserer Ehe getan hat. Am Morgen brauchten wir einander nicht mehr mit gelangweilten Gesichtern gegenüberzusitzen, ich konnte Radieschen essen, soviel ich wollte, die Post wurde uns gesondert zugestellt...«

»Wie das?«

»Clarisse hatte wieder ihren Mädchennamen angenommen. Damit begann eine der glücklichsten Perioden unserer Ehe. Aber nichts ist so gut, daß es sich nicht verbessern ließe. Nach wie vor mußte ich damit rechnen, meiner Frau im Stiegenhaus zu begegnen, wenn weder sie noch ich für eine solches Zusammentreffen in der richtigen psychologischen Verfassung wären. Auch der Lärm der Kinder könnte mich stören. Deshalb beschlossen wir meine Übersiedlung ans andere Ende der Stadt.«

»Und das hatte keine nachteiligen Auswirkungen auf ihr Eheleben?«

»Sie meinen …«

»Ja.«

»Nun, schließlich gibt es ja noch Hotels. Auch im Kino begegneten wir einander dann und wann, oder auf der Straße. Bei jeder solchen Gelegenheit winkten wir einander freundlich zu. Und was die Hauptsache war: Es bestanden keine Spannungen mehr zwischen uns. Darüber waren wir für alle Zeiten hinaus. Der einzige vielleicht noch mögliche Streitpunkt hätte sich im Zusammenhang mit den Kindern ergeben können. Aber auch hier fanden wir einen Ausweg. Als ich meinen Wohnsitz nach Jerusalem verlegte, nahm ich meinen Buben mit mir, und das Mädchen blieb bei Clarisse. Ich kann Ihnen versichern, daß sich dieses Arrangement hervorragend bewährt hat.«

»Und Ihre Frau ist mit alledem zufrieden?«

»Sie ist entzückt. Die letzte Ansichtskarte, die sie mir im Sommer schrieb, war von echter Herzlichkeit getragen. Wir sind stolz, daß es uns gelungen ist, die Probleme unseres täglichen Zusammenlebens mit den Mitteln der Vernunft und des guten Willens aus der Welt zu schaffen. Deshalb möchte ich Ihnen einen Rat geben, meine Freunde: Bevor Sie mit der Idee einer Scheidung zu spielen beginnen, bevor Sie erwägen, aus dem Hafen der Ehe auszulaufen, oder an irgendeine andere mondäne Lösung denken, sollten Sie eine gemeinsame Anstrengung unternehmen, die kleinen, unwesentlichen Schwierigkeiten, mit denen Sie es zu tun haben, im gegenseitigen Einverständnis zu beseitigen. Dann werden Sie eine ebenso glückliche Ehe führen wie ich.«

Gustav Schlesinger lehnte sich in seinen Sessel zurück und bot sich nicht ohne Selbstgefälligkeit unseren neidischen Blicken dar.

»Trotzdem«, sagte Ingenieur Glick. »Ich bleibe dabei, daß es mit dem ehelichen Zusammenleben in unserer Zeit nicht mehr richtig funktioniert. Ihr Fall ist eine Ausnahme.«

Vereinfachte Nachrichten-übermittlung

Es begann mit dem Chanukkafest, welches bekanntlich acht Tage lang dauert. Also Zeit genug, die Kinder zur Großmama zu schicken. Was wiederum unsere Haushaltshilfe zu der Erkundigung veranlaßte, ob wir sie unter diesen Umständen unbedingt brauchten. Nein, sagten wir. Dann möchte sie die acht Tage frei haben, sagte sie. In Ordnung, sagten wir. Und blieben allein zurück, die beste Ehefrau von allen und ich. Und diese drei kleinen Affen, ohne die wir zwar regelmäßige Mahlzeiten gehabt hätten, aber keine Geschichte.

Wir beschlossen, gründlich zu faulenzen und unseren Haushalt für die kommende Festwoche auf das allernötigste Minimum zu reduzieren. Im Grunde war es die beste Ehefrau von allen, die das beschloß, und zwar mit den Worten:

»Du erwartest hoffentlich nicht, daß ich jetzt für dich allein kochen werde?«

»Natürlich nicht, Liebling.« Sie sollte an meine Ritterlichkeit nicht vergebens appelliert haben. »Auch mich verlangt es einmal in der Zeit nach gutem Essen.«

Wir kamen überein, täglich zweimal, mittags und abends, ein nahegelegenes Restaurant aufzusuchen, Hand in Hand, turtelnd wie ein Paar neuvermählter Tauben.

Die einzige Schwierigkeit lag in der Festsetzung eines genauen Zeitpunkts für das gemeinsame Unternehmen. Ich kann niemals auf die Minute genau sagen, wann ich nach Hause komme, und meine Frau kann das erst recht nicht. Oder wenn sie es kann, legt sie keinen Wert darauf, ihr Können zu demonstrieren. Jedenfalls wollte es zunächst mit dem Taubenarrangement nicht richtig klappen. Wenn ich in den ersten Tagen hungrig nach Hause kam, fand ich die Wohnung leer und ließ auf dem großen Tisch im Wohnzimmer kleine Zettel zurück: ›Bin ins Restaurant vorgegangen, bitte komm nach!‹ Oder: ›Beeil Dich, dann triffst Du mich vielleicht noch beim Kaffee!‹ Oder: ›Mußte gleich wieder weggehen und hab mir rasch ein paar Sandwiches gemacht.‹

Ursprünglich hätte uns der Entschluß, auswärts zu essen, das Leben erleichtern sollen. Statt dessen wurde es immer komplizierter. Die Enttäuschung beim Anblick der einsamen Wohnung drückte auf meine Laune, die zeitraubende Nachrichtenübermittlung ging mir auf die Nerven, einmal brach der Bleistift ab, dann konnte ich kein Papier finden – nein, so ging's nicht weiter. Es mußte etwas geschehen.

Suchend ließ ich meine Blicke schweifen... da! Die Affen! Das war die Lösung.

Man kennt sie in aller Welt, die drei symbolträchtigen Affen, von denen sich einer die Augen, einer die Ohren und einer den Mund zuhält. Nichts sehen, nichts hören, nichts reden. Auf dem Kamin unseres Wohnzimmers stehen die Drei in einer holzgeschnitzten chinesischen Ausführung. Sie erinnern mich irgendwie an die UNESCO, wenn Israel eine Beschwerde einbringt, aber darum ging es jetzt nicht. Jetzt hatten sie uns die Verständigung über unsere gemeinsamen Mahlzeiten zu erleichtern.

»Keine Schmierzettel mehr, Liebling«, informierte ich meine Partnerin. »Das Leben ist kurz, und wir wollen es nicht damit zubringen, daß wir miteinander korrespondieren. Von nun an gilt folgende Abmachung: Wenn ich vor dir nach Hause komme, drehe ich das Affengespann mit der Vorderseite zur Wand – dann weißt du, daß ich schon im Restaurant bin und auf dich warte. Andernfalls, also wenn die Affen dich ansehen, so wie jetzt, bedeutet das: ›Warte noch ein wenig, wir gehen zusammen.‹ Wie findest du meinen Einfall?«

»Einfach hinreißend.«

»Wirklich?«

»Was bleibt mir schon übrig.«

Ich konnte es kaum erwarten, mein neues, zeitsparendes Benachrichtigungssystem am nächsten Tag auszuprobieren und kam sogar etwas früher nach Hause. Richtig – die Wohnung war leer. Ich drehte die Affen zur Wand und machte mich auf den Weg. An der Wohnungstür hielt ich inne. Mir fiel ein, daß meine Ehefrau – sie ist die beste von allen, gewiß, aber sie ist ein wenig zerstreut und hört nicht immer zu, wenn man ihr etwas erklärt – daß sie also vergessen haben könnte, was wir besprochen hatten. Vielleicht würde sie zu Hause sitzen bleiben, um auf mich zu warten, und würde langsam verhungern. Das durfte nicht sein. Ich legte sicherheitshalber einen Zettel auf den Tisch:

›Mein Schatz! Wirf einen Blick auf die Affen! Komm bald!‹

Fröhlich pfeifend trat ich den Weg ins Restaurant an. Diesmal kam ich bis zur Haustüre. Was, wenn mein Täubchen sich gar nicht erst umsehen würde, ob eine Nachricht für sie da wäre? Weil wir doch gestern vereinbart hatten, nicht mehr miteinander zu korrespondieren?

Ich ging zurück, suchte nach einem Pappendeckel, fand ihn, fand nach einigem Suchen auch einen Filzstift und befestigte auf dem Kleiderständer im Vorraum die folgende Mitteilung:

›Liebling! Auf dem Tisch im Wohnzimmer liegt ein Zettel für Dich! Bussi.‹

Die nächsten Zweifel überkamen mich im Vorgarten. Es ließ sich ja keinesfalls ausschließen, daß die Gute, sparsam wie sie ist, das Licht im dunklen Vorraum nicht andreht. Vor meinem geistigen Auge erschien das bejammernswerte Bild einer reglos dasitzenden Gattin, die Hände im Schoß, geduldig wartend und auf das Knurren ihres Magens lauschend.

Solches zu verhindern, schrieb ich mit roter Kreide auf die Haustüre: ›Mein Täubchen! Mach Licht im Vorraum! Ich liebe Dich!‹

Dann klingelte ich bei unseren Wohnungsnachbarn an, dem Ehepaar Seelig. Ich wollte ihnen sagen, daß die Beschriftung der Haustüre nicht von der Aktion ›Frieden jetzt!‹ stammte und nicht vom orthodoxen Kampfbund ›Kein Autobusverkehr am Sabbath!‹, sondern von mir persönlich zur Information meiner Frau. Die Seeligs waren nicht zu Hause. Ich schob einen Zettel unter ihre Türe und gab einem am Gartenzaun gelangweilt in der Nase bohrenden Knaben 1 Isr. Pfund mit der Bitte, den ersten in Sicht kommenden Seelig zu verständigen, daß unter seiner Wohnungstüre ein Zettel läge.

Dann, im erhebenden Gefühl, daß ich nunmehr nichts, wirklich nicht das mindeste dem Zufall überlassen hätte, begab ich mich ins nahe Restaurant.

Mit wohlverdientem Appetit verzehrte ich mein Mahl und wartete auf meine Frau. Ich wartete vergebens.

Als ich nach Hause zurückkam, fand ich sie bleich und abgemagert im Wohnzimmer. Sie schwor mit versagender Stimme einen heiligen Eid: Wir hätten vereinbart, daß die zur Wand gekehrten Affen besagen sollten: ›Warte auf mich, wir gehen zusammen.‹

Den freundlichen Lesern dieses Berichts sei geraten, doch lieber zu Hause zu essen. Vielleicht gefüllte Tauben.

Frau Winternitz gegen Columbo

Die Situation ist die folgende: Der gutaussehende Architekt hat zur Dämmerstunde den alten Mac O'Muck umgelegt, weil dieser sich skeptisch über den im Bau befindlichen Wolkenkratzer geäußert hatte, und Columbo ist bereits auf einer heißen Spur, denn ein Blick ins Drehbuch hat ihn überzeugt, daß der Schurke nichts so sehr liebt wie klassische Musik. Klar? Eben.

Mein Fernsehschirm bebt vor innerer Spannung, ich selbst ertappe mich beim Nägelbeißen, und der Hauptverdacht richtet sich gegen die blonde Witwe des Leichnams. Aber das kann man mir nicht erzählen, ich habe den Mord gesehen, den Mörder allerdings nicht, und wenn Columbo sich den Anschein gibt, als ob...

Rrrrr! Irgendwo schrillt das Telefon, noch dazu außerhalb meiner Reichweite. Wer, zum Teufel, hat die Frechheit, mitten in einen Anschein Columbos hineinzuklingeln?

Ich erhebe mich, stolpere im Dunkeln über zwei Stühle und nehme den Hörer ans Ohr, während meine Augen auf den Fernsehschirm geheftet bleiben. »Ja«, sage ich.

»Hallo«, sagt am anderen Ende die zaghafte Stimme einer unzweifelhaft alten Dame. »Ich störe Sie doch nicht?«

»Ja«, sage ich.

»Ich bin die Mutter von Gad.«

»Ja.«

»Gad Winternitz aus Naharia.«

Der gutaussehende Architekt macht sich über Columbo lustig. Kunststück. Sein Direktor hat ihm ja ein wasserdichtes Alibi verschafft. Jetzt probiert er's sogar mit der Blonden. Und dabei wird die ganze Stadt von der Frage bewegt, wo er die Leiche versteckt hat.

»Ja!« brülle ich ins Telefon. »Wo«

»Bitte, ich muß Sie um eine große Gefälligkeit bitten. Mein verstorbener Mann pflegte zu sagen – wir haben damals noch in Bat Jam gewohnt – und da sagte er immer: wenn ich einmal einen Rat brauche, den Rat eines künstlerisch veranlagten Menschen, dann soll ich mich an Sie wenden, weil Sie doch diese Zeichnungen machen und Gads Freund sind, nicht wahr.«

Wer ist Gad? Wo ist die Leiche?

»Die Leute sagen«, fuhr Frau Winternitz fort, »daß Sie immer so viel zu tun haben und daß Sie nichts für andere Menschen tun. Aber ich habe ihnen immer widersprochen. Nein, sage ich immer, das stimmt nicht, wenn er kann, dann hilft er, auch wenn er noch so viel zu tun hat mit seinen Zeichnungen. Das habe ich immer gesagt. Hallo.«

»Hallo«, sage ich. »Wer spricht?«

»Die Mutter von Ihrem Freund Gad Winternitz. Hallo. Ich wollte Sie wirklich nicht stören, aber mein Schwager meint, daß wir jetzt doch ein wenig Druck ausüben sollten, sonst wissen Sie ja, was passiert. Sie kennen die Zustände in unserem Land, besonders die Regierung. Wenn mein Mann noch am Leben wäre, würde ich natürlich nie. Im Gegenteil. Nur, Sie verstehen, ganz allein mit der Hypothek, da spricht man natürlich zu einer Wand. Also bitte, raten Sie mir, ob ich jetzt. Oder lieber noch warten?«

Ich könnte nicht schwören, daß sie sich wörtlich so ausgedrückt hat, aber so habe ich es gehört. Wie soll man denn wörtlich zuhören, wenn gerade das Haus des gutaussehenden Architekten durchsucht wird, der den alten Mac O'Muck umgelegt hat.

»Ja«, stöhne ich in die Muschel. »Hallo. Was wünschen Sie?«

»Ich möchte wissen, ob ich trotzdem unterschreiben soll.«

»Das hängt noch von jemand anderem ab.«

»Von wem, bitte?«

»Von dieser Blonden.«

»Hallo, hier Frau Winternitz. Die Mutter von Gad. Hallo.«

Dem Mörder ist klargeworden, daß der Film zu Ende geht, aber er bleibt hart. Solange die Leiche nicht gefunden ist, kann ihm Columbo nichts beweisen. Ich für meine Person habe den Verdacht, daß der Architekt den alten Mac O'Muck in die Mauer des Wolkenkratzers einzementiert hat.

»Hallo«, meldet sich Frau Winternitz aufs neue.

»Was für ein Zement, bitte? Hallo!«

»Mit wem wollen Sie eigentlich sprechen?«

»Mit dem Herrn Zeichner von der Zeitung. Sind das nicht Sie?«

»Jawohl, ich bin Sie.«

»Dann sagen Sie mir, ob Sie glauben, daß ich jetzt unterschreiben soll!«

»Was glaubt Columbo?«

»Wer, bitte?«

»Ich meine: wer vertritt Sie in dieser Angelegenheit?«

»Doktor Gelbstein.«

Da haben wir's. Jetzt geht's drunter und drüber. Oder soll sich Columbo vielleicht bei Dr. Gelbstein erkundigen? Der Fehler muß gleich am Anfang passiert sein. Gleich als Frau Winternitz mich fragte, ob ich bereit bin, einem Mitmenschen zu helfen, hätte ich antworten müssen: niemals, unter keinen Umständen. Jetzt stehe ich da mit meinem weichen jüdischen Herzen. Und dort steht Columbo, der soeben Auftrag gegeben hat, die Mauer einzureißen und den Leichnam auszugraben. Natürlich lacht ihm Gelbstein ins Gesicht. Nein, nicht Gelbstein. Der Architekt.

»Wollen Sie mich nicht nach den Feiertagen anrufen? Dann bin ich gerne bereit...«

»Bitte nicht! Bitte jetzt gleich! Ich sagte Ihnen doch, daß er morgen verreist!«

»Wer?«

»Doktor Gelbstein.«

Vor meinen Augen entfaltet sich ein unerhörtes Drama, ein Mordfall allererster Klasse – und ich soll mich mit den Reiseplänen eines Herrn Gelbstein beschäftigen. Was geht er mich an? Ich hasse ihn. Er ist ein Verbrecher. Columbo wird es ihm schon beweisen. Wozu würde er sonst im Wagen des Architekten dahinsausen?

Ich lege die quakende Telefonmuschel hin, das ist ja nicht auszuhalten. Meinetwegen kann Frau Winternitz mit dem Architekten verreisen, wohin sie will. Kein Zweifel, die Leiche liegt im Kofferraum. Ich wette jeden Betrag, daß Columbo...

»Hallo! Hallo! Hallo!« quakt es aus der Muschel.

»Ja? Wer spricht?«

»Frau Winternitz. Die Mutter von Gad. Hoffentlich störe ich Sie nicht. Mein seliger Mann...«

In Indien werden die Witwen seliger Männer verbrannt. Oder wurden. Das waren Zeiten. Vorbei, vorbei. Genau wie Columbo im sausenden Auto. Und Gelbstein dicht hinter ihm, als Architekt verkleidet. Geht er ihm in die Falle?

Sie haben ihn! Vorne Columbo mit quergestelltem Kofferraum in der Leiche, von beiden Seiten die Polizei, und der Architekt mittendrin. Du hast dir das alles sehr schön ausgedacht, mein Junge, aber du hast nicht mit Gads Glasauge gerechnet. Das ist ja, was ihn so menschlich macht.

»Dann glauben Sie also«, fragt Frau Winternitz, »daß Doktor Gelbstein verreisen kann?«

»Unbedingt.«

»Danke. Danke vielmals. Sie haben mir sehr geholfen. Verzeihen Sie die Störung.«

»Hauptsache, wir haben ihn.«

»Wen, bitte?«

»Den Architekten.«

»Ach so. Natürlich. Grüße von Gad.«

»Nicht der Rede wert.«

»Gute Nacht, Herr Kirschhorn.«

»Gute Nacht, Frau Columbo.«

Schluck auf, Schluck ab

Ich saß friedlich am Familientisch, als ohne ersichtlichen Grund etwas in mir aufstieß. Ich machte »Hick!« und hatte damit den Grundstein zu einer nicht endenwollenden Schluckauf-Serie gelegt.

Meine Familie schritt sofort zu den in solchen Fällen erprobten Gegenmaßnahmen. Die beste Ehefrau von allen ließ dicht an meinem Ohr zahlreiche Papiersäcke explodieren, die Kinder brüllten in meinem Rücken bis zur Erschöpfung des Überraschungsmoments »Buh!«.

Ich selbst blieb beim Hick.

In der Nacht konnte ich nicht schlafen. Am Morgen ging ich ins Spital.

Nach einigem Hin und Her wurde mir die Vergünstigung einer Bettstatt am Ende des Korridors zuteil. Eine junge Krankenschwester schob mir ein Kissen unter den Nacken und forderte mich energisch auf, mich zu entspannen.

»In wenigen Minuten«, sagte sie, »beginnt Professor Oppit die Morgenvisite. Sie werden im Nu geheilt sein.« Hierauf steckte sie mir ein Thermometer in den Mund und entschwand.

Tatsächlich sah ich bereits nach einer Stunde am anderen Ende des Korridors die weißgekleideten Gestalten des Professors und seiner Gefolgschaft auftauchen.

Professor Oppit, eine majestätische Erscheinung mit durchdringendem Blick und dröhnender Stimme, beauftragte zunächst einen Wärter, die Scherben meines Thermometers vom Boden aufzulesen. Dann trat er an mich heran. Hinter ihm ballten sich die devoten Assistenzärzte und eine Schar wißbegieriger Studenten zusammen.

»Schluckauf«, diagnostizierte er mit der unfehlbaren Sicherheit des großen Mediziners. »Singultus excessivus. Ein typischer Fall. Beachten Sie den pfeifenden Atem.«

Er zog mich an den Haaren hoch. Ich bezog eine sitzende Position und pfiff gehorsam. Sollte ich eine Kapazität seines Ranges vielleicht Lügen strafen?

»Das Pfeifen«, verkündete er, »könnte binnen kurzem in ein Stöhnen übergehen, falls sich die Respirationsorgane durch eine Verengung der Stimmbänder stärker zusammenziehen.«

»Hick«, entgegnete ich.

Der Professor nahm es mit einem kaum merklichen Nicken zur Kenntnis und fuhr fort:

»Unter bestimmten Voraussetzungen ergibt sich aus den daraus resultierenden Reflexen eine völlige Unfähigkeit des Patienten, durch den Mund zu atmen.«

Er griff zu Demonstrationszwecken nach meiner Nase und klemmte sie zwischen Daumen und Zeigefinger ein:

»Das Gesicht verfärbt sich bis zu tiefem Blau, die Membrane reagiert mit periodischen Spasmen. In extremen Fällen kann der fortgesetzte Sauerstoffentzug die Augen des Patienten in Mitleidenschaft ziehen und die Hornhaut beschädigen.«

Gebannt beobachtete die Suite des bedeutenden Mannes meine Versuche, ohne Atemtätigkeit zu überleben. Als ich nicht mehr weiterkonnte, gab ich ein paar höfliche Grunzlaute von mir, denen sich eine wilde ›Hick‹-Salve anschloß.

»Bitte, Herr Professor«, ließ ein Student sich vernehmen, »wie lange können solche Schluckauf-Attacken dauern?«

»Je nachdem. Wochen. Monate. Manchmal sogar Jahre.«

»Mit tödlichem Ausgang?«

»Auch das.«

Professor Oppit zog mir die Pyjamajacke aus, drückte mich nieder und setzte sich mit vollem Gewicht auf meinen Unterleib. Ich konnte ein leises Wimmern nicht unterdrücken und spürte deutlich, wie die Matratze nachgab.

»Im Augenblick«, nahm Professor Oppit die Live-Übertragung wieder auf, »befinde ich mich direkt über der Gallenblase. Wenn die umliegenden Gewebe degenerieren, was sehr wahrscheinlich ist, dringt der Nitrogenüberschuß in die Leber, wo er zur Bildung von Stärke führt.«

Hier unterbrach der Professor seinen Vortrag, erhob sich, packte meinen Kopf und zwängte ihn zwischen meine Knie. Die Menge schwärmte zur anderen Seite des Bettes, um nichts von mir zu versäumen.

Als alle Zuschauer ihre Plätze bezogen hatten, stemmte Professor Oppit mit Hilfe eines Bleistifts meinen Mund auf, steckte seine Hand hinein und kam mit meiner Zunge ans Licht, was mich zu heftigem Wehklagen nötigte. Bei dieser Gelegenheit nahm er endlich meine Anwesenheit zur Kenntnis. »Hallo«, grüßte er. »Wie fühlen Sie sich?«

»Hick«, antwortete ich wahrheitsgemäß.

Ich lag noch immer zusammengekrümmt da, mit heraushängender Zunge und bis zum Rand mit Stärke gefüllt. Professor Oppits Finger rochen nach

Seife und strahlten gleichzeitig Äther und Autorität aus.

»Die an Verwelkung grenzende Trockenheit der Zunge« – damit winkte er das Publikum zu näherem Augenschein an mein Bett – »ist eine Folge der unzulänglichen Speichelzufuhr. Das bewirkt in sechzig Prozent der Fälle deutliche Lähmungserscheinungen und ein völliges Aussetzen der normalen Reflexe.«

Zum Beweis seiner These nahm er aufs neue meine Zunge, drehte mir den Kopf ins Genick und klopfte mehrmals an meine Hirnschale, die tatsächlich jeden Reflex vermissen ließ. Ein Assistenzarzt sprang eilfertig herzu, um meine Augen, sollten sie mir aus den Höhlen fallen, sofort aufzufangen.

Der Anblick einer an meinem Bett vorüberfahrenden Leiche weckte meinen Selbsterhaltungstrieb. Mit einer letzten Kraftanstrengung riß ich meine Zunge an mich:

»Der Schluckauf hat aufgehört!« rief ich. »Verbinden Sie mich mit unserer Botschaft!«

Professor Oppit gab meinen Kopf frei und ließ mich zurückfallen, wobei ich verschiedene Gliedmaßen um mich streute.

»Hier, meine Herren, können Sie die tragischen Auswirkungen eines Schluckaufs feststellen«, schloß er seine Demonstration. Dann wandte er sich an einen der Sekundarärzte: »Schaffen Sie den Mann in die orthopädische Abteilung«, ordnete er an und begab sich unter dem Beifall der Menge zu seinem nächsten Objekt.

Ich begann meine Gliedmaßen zu sammeln, fand alle bis auf einen ohnehin schon gebrauchten Daumen und wurde von der jungen Krankenschwester, nachdem sie meine Arme und Beine richtig eingeschraubt hatte, vorsichtig auf den Boden gestellt.

»Die einzig mögliche Heilmethode für Schluckauf«, erklärte sie stolz, während sie mich zum Ausgang geleitete. »Schockbehandlung. Eine Spezialität unseres Professors. Er ist auf diesem Gebiet einsame Spitze.«

Hoffentlich bleibt er's. So einsam wie möglich.

Auf dem Trockenen

Ich darf ruhig sagen, daß ich die himmlischen Gewalten immer respektiert habe. Jetzt aber fürchte ich sie.

An jenem denkwürdigen Montag erwachten wir zu früher Stunde, sahen aus dem Fenster und riefen wie aus einem Mund:

»Endlich!«

Der Himmel erstrahlte in klarem, wolkenlosem Blau.

Mit lobenswerter Behendigkeit sprangen die beste Ehefrau von allen und ihre Mutter aus den Betten und stürzten zum Wäschekorb, darin sich die Schmutzwäsche vieler Monate aufgehäuft hatte, vieler verregneter Monate, in denen wir die Wäsche, weil wir sie nicht zum Trocknen aufhängen konnten, ungewaschen liegen lassen mußten. Ja mehr als das: wir mußten sie, als der Wäschekorb überquoll, an allerlei unpassenden Örtlichkeiten aufbewahren, unter den Betten, in Koffern, in Schreibtischladen.

Damit war's nun endlich vorbei. Gattin und Schwiegermutter machten sich fröhlich trällernd an die Arbeit, und nach wenigen Stunden standen wir vor der erquickenden Aufgabe, rund eineinhalb Tonnen frisch gewaschener Wäsche in den Garten zu transportieren, wo wir sie an Leinen, Stricken, Drähten und Kabeln zum Trocknen aufhängten.

Als wir damit fertig waren, begann es zu regnen.

Wie war das möglich. Noch vor wenigen Minuten hatte sich ein reiner, azurblauer Himmel über uns gewölbt, nicht die kleinste Wolke ließ sich blicken – und jetzt regnete es. Es regnete nicht nur, es goß, es schüttete, es war stockfinster, und die dunklen Wolken aus den vier Ecken des Universums versammelten sich genau über unserem Garten. In rasender Hast rafften wir die Wäsche wieder zusammen, rannten mit den einzelnen Bündeln ins Haus zurück und deponierten sie in der Badewanne, wo wir alsbald eine Leiter zu Hilfe nehmen mußten, denn der Wäscheberg reichte bis zur Decke. Dann griffen wir erschöpft nach der Zeitung.

Die Wettervorhersage lautete: »In den Morgenstunden zeitweilig Bewölkung, die sich gegen Mittag aufklärt.«

Somit stand fest, daß Sturm und Regen mindestens drei Tage lang anhalten würden.

Wir hatten uns nicht getäuscht. Draußen fiel eintönig der Regen, drinnen begann der Gärungsprozeß unserer Wäsche in der Badewanne. Am Abend roch es im ganzen Haus nach Fusel und Friedhof. Da und dort an den Wänden tauchten die ersten grünlichen Schimmelpilze auf.

»So geht's nicht weiter«, erklärte die beste Ehefrau von allen. »Die Wäsche muß getrocknet werden, bevor sie völlig verrottet.«

Wir zogen eine Drahtschnur durch das Wohnzimmer. Sie reichte von der Schnalle des rechten Fensters die Wand entlang zur Schlafzimmertür, schwang sich von dort zum Kronleuchter, glitt abwärts und über einige Gemälde zum venezianischen Wandspiegel, umging die Klubgarnitur, wandte sich scharf nach links und endete am entgegengesetzten Fenster. An einigen Stellen hingen die dicht nebeneinander aufgereihten Wäschestücke so tief herab, daß wir uns nur noch kriechend fortbewegen konnten, wobei wir sorgfältig darauf achten mußten, die zwecks Beschleunigung des Trocknungsprozesses installierten Hitzespender (Karbidlampen, Spirituskocher auf mittlerer Flamme usw.) nicht umzustoßen. Eine Fledermaus, so behauptete meine Schwiegermama, würde trotzdem ihren Weg zwischen den Wäscheleinen finden, denn sie besäße ein geheimnisvolles Orientierungsvermögen, eine Art urzeitliches Radar, das sie befähigte, allen Gegenständen auf ihrem Flugweg auszuweichen. Da ich keine Fledermaus bin, konnte ich diesen lichtvollen Belehrungen nur wenig Interesse abgewinnen und zog mich zurück.

Ungefähr um die vierte Nachmittagsstunde wurde das Haus von einem dumpf nachhallenden Knall erschüttert. Im Wohnzimmer bot sich uns ein wahrhaft chaotisches Bild. Die Drahtschnur war unter dem ihr aufgelasteten Übergewicht gerissen, und die ganze Wäsche bedeckte den Boden. Zum Glück war sie noch feucht genug, um die dort aufgestellten Heizkörper zu ersticken.

Die beste Ehefrau von allen erwies sich wieder einmal als ob ab solche.

»Das werden wir gleich haben«, sagte sie mit heroisch zusammengebissenen Lippen.

Wir hatten es zwar nicht gleich, aber doch nach zwei Stunden. Mit vereinten Kräften, einschließlich der schwiegermütterlichen, verteilten wir die Wäschestücke über sämtliche Tische, Stühle, Fensterbretter und freischwebende Beleuchtungskörper. Erst als auf dem Fußboden wieder Platz war, brachen wir zusammen.

Kaum lagen wir da, als es an der Tür klopfte.

Schwiegermama trippelte zum Fenster und lugte vorsichtig hinaus.

»Doktor Zelmanowitsch ist draußen«, flüsterte sie. »Der Vorsitzende des Obersten Gerichtshofs. Mit Frau.«

Wir erstarrten vor Schreck und Verlegenheit. Doktor Zelmanowitsch besucht uns durchschnittlich einmal in fünf Jahren und hält das für eine besondere Ehre, der man sich gewachsen zeigen muß. In einem Empfangsraum, der über und über mit feuchten Wäschestücken belegt ist, kann man sich jedoch keiner Ehre gewachsen zeigen.

Abermals faßte sich die beste Ehefrau von allen als erste: »Rasch hinaus mit dem Zeug! Mama wird mir helfen. Und du hältst den Besuch so lange an der Tür fest.«

Da ich der einzige Schriftsteller in der Familie bin und infolgedessen als erfindungsreicher Lügner angesehen werde, fiel diese Aufgabe selbstverständlich mir zu. Ich öffnete die Tür, begrüßte den Obersten Richter und seine Gattin ebenso herzlich wie ausdauernd, wies mit großen Gebärden auf die exquisite stilistische Gestaltung unseres Vorzimmers hin und sprach mit möglichst lauter Stimme, um die Geräusche des drinnen sich abwickelnden Wäschetransports zu übertönen.

Nach einer Weile äußerte Frau Zelmanowitsch das Verlangen, sich niederzusetzen.

Zum Glück hörte ich gleich darauf das verabredete Hustensignal meiner Frau, so daß ich unsere Gäste weiterführen konnte.

Wir nahmen im halbwegs restaurierten Wohnzimmer Platz, und während meine Schwiegermutter die fällige Erkundigung einzog, ob Tee, Kaffee oder Kakao gewünscht werde, flüsterte mir meine Frau in eiligen Stichworten den Situationsbericht ins Ohr: Sie hätte die Wäsche im Nebenzimmer verstaut, natürlich ohne sie auswinden zu können, dazu reichte die Zeit nicht mehr, aber Hauptsache, das Zeug war draußen.

Die Konversation wollte nicht recht in Fluß kommen. Es herrschte Stille, die plötzlich von einem sonderbaren Geräusch unterbrochen wurde. Das Geräusch hielt an. Wie sich herausstellte, kam es von Frau Zelmanowitsch' Zähnen, welche klapperten.

»Es ist ein w-w-wenig kühl in diesem Z-z-zimmer«, brachte sie mühsam hervor und erhob sich. Auf den unteren Partien ihres Kleides war ein großer dunkler Fleck zu sehen, der nach oben hin etwas heller wurde. Auch der übrigen Insassen des Zimmers hatte sich ein leichtes Zittern bemächtigt. Ich selbst machte keine Ausnahme.

»Der Feuchtigkeitsgehalt Ihres Hauses scheint außergewöhnlich hoch zu sein«, bemerkte Doktor Zelmanowitsch und nieste mehrmals.

Während ich ihm noch zu widersprechen versuchte, geschah etwas Fürchterliches:

Aus dem Nebenzimmer kam unverkennbares Wasser herbeigerieselt, zunächst nur fadendünn, dann immer breiter, bis es sich als kleines Bächlein über den Teppich ergoß.

Doktor Zelmanowitsch, einer der bedeutendsten Rechtsgelehrten unseres Landes, stand auf, um sich zu verabschieden. Seine Frau hatte sich ja schon früher erhoben. »Bleiben Sie doch noch ein Weilchen«, stotterte die beste Ehefrau von allen und watete zur Tür, um unsere Gäste aufzuhalten. Aber sie ließen sich nicht. Sie gingen. Sie gingen ohne Gruß. Und sie werden den Fünfjahresdurchschnitt ihrer Besuche in Hinkunft wohl noch weiter reduzieren.

Wir Zurückgebliebenen stemmten uns der andrängenden Flut entgegen und brachten sie mit Hilfe wasserundurchlässiger Möbelstücke zum Stillstand. Aber wie sollten wir sie beseitigen?

Da kam mir der rettende Einfall. Ich holte die Wäschestücke aus dem Nebenzimmer herbei, tränkte sie mit dem angestauten Wasser, trug die vollgesogenen Stücke in den Garten und hängte sie, des Regens nicht achtend, über die dort aufgespannten Leinen, Drähte und Kabel. Früher oder später muß ja der Regen aufhören und die Sonne wieder hervorkommen. Dann wird die Wäsche trocknen. Und dann nehmen wir sie herunter und verbrennen sie.

Freud und Praxis

Der Morgen begann mit dem falschen Kuß. Kaum daß er graute – der Morgen, meine ich –, kroch die beste Ehefrau von allen aus dem Bett wie ein Tausendfüßler, dem alle Füße eingeschlafen waren. Sie ertastete ihren Weg mit schlafverklebten Augen mühsam bis zur Kaffeekanne. Ihr Rücken war gebeugt, ihre Augen verschwollen, ich hielt es also für notwendig, mich höflich nach ihrem Wohlbefinden zu erkundigen. Aus Pflichtgefühl und aus meinem Bett.

»Ephraim«, murmelte sie, »laß mich in Ruhe, bitte. *Bitte*, laß mich in *Ruhe!*«

Bei näherem Hinhören fiel mir auf, daß sie gar nicht murmelte. Genaugenommen brüllte sie sogar.

»Warum«, fragte ich, »was ist passiert?«

Die beste Ehefrau von allen füllte sich eine Tasse mit unglaublich schwarzem Kaffee und kam in ebensolcher Stimmung zurück ins Bett. »Ich bitte dich, zur Kenntnis zu nehmen«, teilte sie mir zwischen Schlucken und Schluchzen mit, »daß ich dir niemals verzeihen werde, was du mir heute nacht angetan hast.«

Ich war zerknirscht. Soweit ich mich an die Ereignisse der letzten 12 Stunden erinnern konnte, tat ich nichts Ungehöriges. Im Gegenteil, ich führte gestern abend die beste Ehefrau von allen in ein standesgemäßes Restaurant, wo wir nach ungarischem Rezept gefülltes Kraut zu uns nahmen. Anschließend gingen wir im Vollmond heimwärts, suchten unser Ehebett auf und schliefen ein. Und nun am Morgen diese Bescherung!

»Was habe ich dir angetan?« fragte ich. »Sag's mir doch.«

»Du hast dich benommen wie ein Berserker, Ephraim. Wie eine Bestie –, wie ein Schwein!«

»Aber wo?«

»In meinem Traum.«

Zögernd erzählte sie mir, was geschehen war. Die beste Ehefrau von allen hatte geträumt, sie wäre die Königin von Saba. Vermutlich war die Ursache eine Überdosis TV...

»Ich wurde hingerichtet«, sie erschauerte unter der Erinnerung, »geköpft mit einer Guillotine.«

»Einen Moment«, unterbrach ich sie, »am Hof der Königin von Saba gibt es noch keine Guillotinen.«

»Erzähl mir nichts! Mein Kopf wurde von einer Guillotine abgehackt. Und weißt du, wer diese Guillotine betätigt hat?«

»Du willst doch nicht etwa sagen...«

»Du! Du warst es, Ephraim, du! Und zwar mit einem widerwärtigen Grinsen über das ganze Gesicht.«

Von ihren Anschuldigungen zum Schweigen gebracht, überlegte ich mir den Fall. Ich mußte zugeben, daß es unschicklich war, die Mutter der eigenen Kinder zu köpfen. Noch dazu grinsend. Langsam konnte ich ihre schlechte Laune verstehen.

»Vielleicht war ich das gar nicht.« Ich versuchte, Zeit zu gewinnen. »Diese Scharfrichter pflegten doch eine Maske vorm Gesicht zu tragen, soviel ich weiß, oder?«

»Ephraim! Die Maske ist noch nicht gefunden worden, die deinen Akzent verbergen kann!«

Natürlich, mein Akzent. Ich hätte schon vor Jahren etwas in der Sache unternehmen sollen. Jetzt war es zu spät, die Königin von Saba hätte meine seltsamen

Betonungen immer und überall identifiziert. Mit oder ohne Maske.

»Als sie mich zum Schafott schleppten«, sie nahm den Faden wieder auf, »hast du mich noch gezwickt, du weißt schon, wohin, und dann sagtest du... dann sagtest du...«

Ihre Stimme versagte.

»Sprich weiter«, stieß ich hervor, das Ärgste befürchtend, »was sagte ich?«

»Nein, Ephraim, diese Worte kann ich nicht wiederholen. Niemals, Ephraim, niemals...«

Jetzt war ich ernsthaft beunruhigt. Zweimal ›Ephraim‹ in einem Satz! Ich zermarterte mir den Kopf, was in aller Welt ich gesagt haben könnte, aber es fiel mir nichts Nennenswertes ein. Schließlich war es ihr Traum und nicht der meine.

Nur eine winzige Ewigkeit mußte ich warten, bis ich die schreckliche Wahrheit erfuhr. Schon nach dem zweiten Kaffee kam mein schändliches Verhalten zutage.

»Adieu, du Froschmaul«, soll ich gesagt haben, »bald spielen wir Fußball mit deinem Kopf.«

Das war's, was ich gesagt hatte, ich Schuft.

Was tun?

»Nun gut«, ich versuchte, die Schuld von mir abzuwälzen, »aber was war mit deinem Gemahl? Ich meine König Salomon, kam er dir nicht zu Hilfe?«

»Der?« Die Beste verbarg sich hinter einer Zornesfalte. »Nicht einen Finger hat er gerührt, das Schwein! Weißt du, was er während meiner Hinrichtung getan hat? Tennis gespielt hat er mit Gromyko!«

Damit eskalierte das Drama in die weltpolitische Sphäre. Nichtsdestotrotz blieb ich in ihren Augen der Oberbösewicht.

»Also nein«, resümierte die beste Ehefrau von

allen, »das hätte ich niemals von dir erwartet. Dreiundzwanzig Jahre lang spielst du den Mustergatten, und dann, bei der ersten Gelegenheit, sagst du Froschmaul zu mir! Zu mir sagst du Froschmaul!«

»Unverzeihlich«, pflichtete ich ihr bei, während ich sicherheitshalber an das äußerste Bettende rollte, »aber wenn wir objektiv und leidenschaftslos Bilanz ziehen wollen, so war es ja doch nur ein Traum...«

»*Nur ein Traum?*« zischte meine Beste. »Weißt du, was du da sagst, Ephraim? Denk doch an Freud und an die Elementarstufe der Psychoanalyse! Die Träume enthüllen den wahren Menschen, Träume zeigen dir, wie du wirklich bist, mit all deinen unterbewußten dunklen Trieben. Mir ist es wie Schuppen von den Augen gefallen. Tief in deinem finsteren Innern, Ephraim, schlummert längst schon der Drang, mit meinem Kopf Fußball zu spielen...«

Fußballspielen mit deinem Kopf? Ohne Zweifel, der Gedanke hat etwas. Ich meine, Freud ist Freud, das kann niemand leugnen. Obwohl ich persönlich kein Anhänger der Guillotine bin. Ich bin mehr ein Mann des elektrischen Stuhls. Auch eine langsame Steinigung hat gewisse Meriten. Andererseits, seit wann spielt Gromyko Tennis? Und überhaupt, was will sie von mir, dieses Froschmaul?

»Und weißt du, was die Krönung des Ganzen war?« Sie entfachte die Glut von neuem. »Nachdem du meinen Kopf abgehackt hast und die ganzen Sägespäne aus mir herausgequollen sind, was, glaubst du, sehe ich?«

»Keine Ahnung.«

»Stell dich nicht unwissend! Ich mußte mit eigenen Augen ansehen, wie mein Gemahl unter die Röcke von Erna Selig griff...«

»Du meinst König Salomon?«

»Ich meine dich, Ephraim! Die Rede ist von dir und von Erna Selig! Ihr seid aneinandergeklebt wie zwei läufige Magneten...«

Unglaublich, was ich alles in ihrem Unterbewußtsein vollbringe. Bei Gelegenheit sollte ich mich mit dem alten Freud darüber unterhalten.

Was tun?

»Nun, geschehen ist geschehen«, sagte ich, »schlafen wir noch eine Stunde, ja? Du weißt, daß ich in Wahrheit nicht so bin. Erstens spiele ich nicht Fußball, und das mit dem Froschmaul ist mir nur so herausgerutscht...«

»Laß mich in Ruhe, Ephraim!«

Fünf Minuten später, ich bitte, mir das zu glauben, schlief die beste Ehefrau trotz schwarzem Kaffee wie ein Sack voller Sägespäne, wohingegen ich hellwach blieb. Ich wollte nicht mehr in Schwierigkeiten geraten. Wer weiß, wozu ich imstande bin, wenn mir Gromyko im Traum wieder über den Weg läuft...

Irgendwann muß ich aber doch eingedöst sein, denn kurz bevor der Wecker läutete, stand an meinem Bett ein bärtiger Professor, der mir irgendwie bekannt vorkam.

»Jetzt hör mir gut zu, mein Junge«, sagte Sigmund Freud. »Vergiß nie wieder das Alpha und Omega der Psychoanalyse: Vor dem Schlafengehen ißt man kein gefülltes Kraut.«

Jetzt sagt er mir das!

Tagebuch eines Haarspalters

9. Juni
Heute beim Frühstück sah ich in der Zeitung ein Foto von Chruschtschow und mußte laut auflachen. Wie kann ein Mann, und noch dazu der Führer eines großen Volkes, einen Glatzkopf haben, der von einer polierten Billardkugel kaum zu unterscheiden ist? So etwas müßte sich doch vermeiden lassen!

Unter Chruschtschows Einfluß trat ich an den Spiegel, um den Zustand meines Haupthaares zu prüfen. Nach einigen Minuten sorgfältiger Beobachtung schien es mir, als wäre der Haaransatz an den Schläfen ein wenig zurückgewichen. Nun, das kann den durchgeistigten Charakter meines Gesichtsausdrucks nur noch steigern. In meinem Alter ist das ganz normal. Und weiter existiert dieses ›Problem‹ für mich nicht.

10. Juni
Zufällig fiel mein Blick heute nach der Morgentoilette auf meinen Kamm. Ich zählte 23 einzelne Haare. Aber ich mache mir keine Sorgen. Mein Friseur, den ich zufällig in seinem Laden antraf, bestätigte mir, daß ein täglicher Ausfall von 10–23 Haaren allgemein üblich sei.

»Hat nichts zu bedeuten«, sagte er (und er muß es wissen). »Kahlköpfigkeit ist erblich. Nur Männer, deren Vorfahren Glatzen hatten, sind in Gefahr.«

Zu Hause geriet mir zufällig ein Familienbild meines Großvaters und seiner acht Brüder in die Hand. Alle hatten Glatzen. Ich finde, daß mein Friseur sich um sein Geschäft kümmern sollte, statt Fragen der Vererbungstheorie zu diskutieren und dummes Zeug zu schwätzen.

3. September
Es ist doch merkwürdig. Seit ich meinen Haaren so viel Aufmerksamkeit schenke, fallen sie aus. Natürlich merkt das niemand außer mir, der ich ihnen so viel Aufmerksamkeit schenke. Immerhin belief sich in der letzten Woche der tägliche Durchschnitt bereits auf 30. Kein Grund zur Beunruhigung, nein, nur zur Wachsamkeit. Ich schrieb an meine Lieblingszeitung um Auskunft und fand in der Rubrik ›Ratgeber für Verliebte‹ folgende Antwort:

»WACHSAM, TEL AVIV. Das Haar ist ein zarter, fadenförmiger Auswuchs an bestimmten Körperpartien der Säugetiere. Erfahrungsgemäß kann an bestimmten Körperpartien mancher Säugetiere Haarausfall eintreten. Bei Menschen männlichen Geschlechts ist das ein durchaus normaler Vorgang, der erst dann Beachtung verdient, wenn er auffällige Dimensionen annimmt. Konsultieren Sie einen Arzt.«

Ich konsultierte einen Arzt. Er untersuchte mich auf Herz und Nieren, ferner auf Lunge, Blinddarm und Milz, prüfte meinen Blutdruck, röntgenisierte mich, machte einen Grundumsatz-Test, nahm ein Elektrokardiogramm auf und erklärte mich für vollkommen gesund. In bezug auf meine Haare erklärte er, daß man da leider gar nichts tun könne. Wenn sie ausfallen, dann fallen sie aus.

11. Februar
Meine neue Frisur paßt ausgezeichnet zur verschmitzten Koboldhaftigkeit meiner Gesichtszüge. Das ganze Haar vereinigt sich in einem lustigen klei-

nen Knäuel und reicht bis zu einer imaginären Verbindungslinie zwischen meinen beiden Ohren, von wo es salopp und ein wenig genialisch nach hinten ausstrahlt, über den haarlosen Rest meiner Kopfhaut.

In einem bemerkenswerten Artikel, der sich auf historische Unterlagen stützt, lese ich, daß eine Menge bedeutender Männer teilweise oder zur Gänze kahl waren: Dschingis Khan, Yul Brynner, der Bürgermeister von Tel Aviv. Es gab sogar einen französischen König namens Karl der Kahle.

27. Mai
Mein Friseur sagt, daß glatzköpfige Männer zumeist begabter sind als die nicht glatzköpfigen, besonders auf gewissen Gebieten. Das ist eine wissenschaftlich erhärtete Tatsache. Aber ich hätte trotzdem nichts zu befürchten, sagt er. Er empfahl mir, meinen Kopf zu rasieren, damit das natürliche Sonnenlicht besseren Zutritt zu den Haarwurzeln fände. Dadurch wird der Haarwuchs angeregt und das Haar erhält wieder seine jugendliche Frische. Nicht als ob ich etwas dergleichen nötig hatte – ich ließ es ihn nur spaßeshalber versuchen. Als ich nachher in den Spiegel sah, wurde ich beinahe ohnmächtig: das jugendlich brutale Gesicht eines Gangsters starrte mir entgegen. Ich versteckte mich in einer dunklen Ecke des Ladens. Nach Einbruch der Dunkelheit schlich ich nach Hause. Samson, Samson, wie gut verstehe ich dich jetzt!

27. August
Heute habe ich mich zum erstenmal wieder bei Tageslicht aus dem Haus gewagt. In meiner Klausur las ich zahlreiche Literatur über Chruschtschow und

seine großen Leistungen. Chruschtschow hat bereits in früher Jugend sein Haar verloren. Ich kann mir nicht helfen, aber der Kommunismus ist nicht so ohne.

Daß meine Haare mittlerweile zum großen Teil verschwunden sind, rührt wahrscheinlich daher, daß sie drei Monate lang keinem Sonnenlicht ausgesetzt waren. Mein Kopf gleicht einer Mondlandschaft, die nur von einem kleinen Streifen üppiger Vegetation am Äquator unterbrochen wird. Ich war am Rande der Verzweiflung, als ich in der Zeitung das folgende Inserat entdeckte.

ICH WAR AM RANDE DER VERZWEIFLUNG!
Mein Kopf glich einer Mondlandschaft, die nur von einem kleinen Streifen üppiger Vegetation am Äquator unterbrochen wurde.
ICH VERZWEIFELE NICHT!
Ich behandelte mein Haar mit dem amerikanischen Wundermittel
ISOTROPIUM SUPERFLEX
und bin jetzt vollkommen geheilt sowie auch glücklicher Vater zweier Kinder.
Erhältlich in armselig kleinen Probetuben für Geizhälse zu 1 Pfund 20, in gigantischen Riesentubenfür den ökonomisch denkenden Mann zu 9 Pfund 80.

Ich kaufte eine gigantische Riesentube, um den Prozeß zu beschleunigen.

17. November
Eines muß man diesem Isotropium Superflex lassen: es hat den Prozeß beschleunigt.

Die Zahl meiner Haare ist auf 27 gesunken, und ich

beginne die Welt mit abgeklärten Augen zu sehen. Kein Zufall, liebe Leute, daß fast alle großen Industriemagnaten, Wirtschaftskapitäne, Wissenschaftler und Forscher glatzköpfig sind, besonders nach Überschreitung einer bestimmten Altersgrenze. Bei mir bemerkt man das allerdings noch nicht, weil ich mein Haar auf so raffinierte Weise von hinten nach vorn kämme, daß es den zwingenden Eindruck erweckt, als sei es von vorn nach hinten gekämmt. Dieser kleine Trick wird höchstens im Schwimmbad sichtbar, wenn meine Haare naß sind und an den Schultern kleben.

29. Januar
Ein häßlicher Zwischenfall vergällte mir heute die Laune. Ich hatte mich um eine Kinokarte angestellt, als ein Halbstarker an seine etliche Meter vor mir stehende Freundin die Frage richtete:
»Wo ist Pogo?«
Das Mädchen – ein primitives, taktloses Geschöpf – deutete auf mich und sagte:
»Er steht hinter dem Glatzkopf dort.«
Es war das erste Mal, daß ich eine solche Andeutung zu hören bekam. Vorausgesetzt, daß diese Ziege überhaupt mich gemeint hat. Angesichts meiner Frisur möchte ich das eher bezweifeln: acht Haare laufen wellenförmig von links nach rechts, drei andere – Gusti, Lili und Modche – streben in rechtem Winkel auf sie zu und überschneiden sie schräg. Für den Hinterkopf sorgt Jossi. Nein, je länger ich darüber nachdenke, desto sicherer bin ich, daß dieses dumme kleine Mädelchen einen andern gemeint haben muß. Irgendeinen Glatzkopf.

2. März
Ich werde immer abgeklärter und reifer. Mein wachsendes Interesse an religiösen Problemen hat ein neues Lebensgefühl in mir geweckt, und die großartige Strahlkraft der Tradition tut ein übriges. Ich entdecke den tiefen Sinn unserer Gebote und Gesetze. Zumal den Schabbat beobachte ich aufs strengste und halte meinen Kopf ständig bedeckt – wie man weiß, ein Zeichen geistiger Überlegenheit (Leviticus VIII, 9). Unter meiner Kopfbedeckung herrscht eiserne Disziplin.

Bei der heutigen Morgenparade fehlte Gusti. Ich führte eine nochmalige Aufrufkontrolle durch und mußte feststellen, daß die Gesamtzahl der Erschienenen sich auf 4 belief. Später fand ich Gusti leblos an meinem Hemdkragen. Es war das längste und stärkste von allen Haaren, die ich noch hatte. Unerforschlich sind die Wege des Schicksals. Ich warf Modche in die Bresche und bürstete ihn ein wenig auf, damit er nach mehr aussähe, als er ist.

Abigail wird grau.

13. April
Nun ist Jossi ganz allein. Der Friseur erging sich in Lobeshymnen über ihn und schlug mir vor, ihn im Interesse einer kräftigen Wiedergeburt abzurasieren. Ich ließ das nicht zu. Ich möchte kein zweites Mal wie ein Glatzkopf aussehen. Ich spendierte Jossi ein Chlorophyll-Shampoo gegen Schuppenbildung. Als er trocken war, legte ich ihn im Zickzack über meinen Kopf. Er soll Grund und Boden haben, soviel er will.

28. Juli
Das Unvermeidliche ist geschehen. Jossi ist nicht mehr. Er verfing sich im Innenleder meines Hutes

und wurde mit der Wurzel ausgerissen. Mir fiel das tragische Ende der Eleonora Duncan ein. Selbstmord?

29. Juli
Ich werde mich damit abfinden müssen, daß ich eine gewisse Neigung zur Kahlköpfigkeit habe.

Man ist so alt, wie man ist

An einem der letzten Tage – genauer gesagt: am heutigen Morgen – überkam mich der häßliche Gedanke, daß ich vielleicht nicht mehr ganz so jung bin wie früher. Damit will ich nicht sagen, daß mich mein plötzlicher Geburtstag in Panik versetzt hätte. In meinen Augen sind Geburtstage nichts Besonderes. Ich hatte schon welche, und sie haben mich nicht beeindruckt. Was ich verabscheue, ist die übertriebene, die sozusagen unrealistische Anzahl dieser Geburtstage, sind die Zahlen, mit denen sie bezeichnet werden. Was soll das heißen: heute bin ich fünfzig Jahre alt? Ich war noch nie fünfzig, ich war die ganze Zeit jünger. Da steckt irgendwo ein Fehler. Die Leute vom Matrikelamt sollten besser aufpassen. Nach meinem eigenen Dafürhalten, ich meine: nach dem Eindruck, den ich von mir selbst habe, bin ich noch nicht einmal über die Zahl dreißig hinaus. Es könnte sogar sein, daß ich im kommenden November erst 29 werde oder etwas Ähnliches. Was will man von mir?

Ein entscheidendes Argument zu meinen Gunsten ist die hervorragende körperliche Verfassung, in der ich mich befinde. Ich gehe, sitze und stehe wie in meinen besten Jugendtagen, ich habe noch immer meine sämtlichen Augen und Ohren, meine Nase befindet sich auf dem gewohnten Platz. Offenbar handelt es sich bei dem behördlicherseits mir aufgezwungenen Alter um einen Registraturfehler.

Die Veränderungen, die sich im Lauf der Jahre bemerkbar gemacht haben, fallen kaum ins Gewicht. Schön, ich renne nicht mehr hinter Taxis einher, sondern rufe nach ihnen, und ich benütze lieber den

Aufzug, als weiß Gott wie viele Stockwerke zu ersteigen. Auch läßt sich nicht leugnen, daß meine Hausapotheke immer größer und nach jeder Auslandsreise immer bunter wird. Das liegt an dem in unseren Breiten herrschenden Klima. Ich kann mich noch erinnern, daß ich einmal quer über den Plattensee geschwommen bin, um ein besonders intelligentes Mädchen zu treffen. Gestern, als ich mit meinen Kindern ins Strandbad ging und von ihnen aufgefordert wurde, ins Wasser zu springen, hatte ich keine Lust dazu. Einfach keine Lust. Überhaupt keine...

Ehrlich gesagt: ich bin verzweifelt. Das letzte Mal erlebte ich eine solche Verzweiflung, als ich neunzehn wurde und wußte: Jetzt werde ich alt.

Mein peinlicher Zustand wird mir bei jeder Ge-

legenheit vor Augen geführt. Erst vor wenigen Wochen sah ich im Autobus eine jammervoll verwelkte Frauengestalt sitzen, die Einkaufstasche zwischen den knochigen Knien, das häßliche Gesicht voller Runzeln und Falten. Es war ein richtiger Schock für mich, als ich plötzlich entdecken mußte, daß ich dieser abstoßenden Erscheinung in meiner Jugend den Hof gemacht hatte. Armes Ding, dachte ich bei mir. Das ist alles, was von diesem einstmals so attraktiven Mädchen übriggeblieben ist. Ich hätte sie kaum erkannt... Und während ich von heißen Wogen des Mitleids überflutet wurde, erhob sich das einstmals so attraktive Mädchen und bot mir ihren Platz an.

Oder meine sechsjährige Tochter Renana. Wir sitzen zu Hause vor dem Bildschirm und sehen den Film ›Ben Hur‹, in dem es bekanntlich von römischen Soldaten und frühen Anhängern des Christentums nur so wimmelt. »Mammi«, läßt sich Renanas piepsende Stimme vernehmen, »war Papi damals schon dabei?«

Kein Zweifel: ich wirke älter, als ich bin. Selbst wenn man die zwei Jahre abzieht, die ich mit dem Wählen besetzter Telefonnummern verbracht habe, bleibt noch genug übrig. Natürlich hat das nichts Konkretes zu bedeuten, es ist eine Angelegenheit abstrakter Gedankengänge, man denkt und denkt, und plötzlich kann man sich an nichts mehr erinnern. Wenn ich nicht sofort alles aufschreibe, was mir durch den Kopf geht, fällt es in Sekundenschnelle der Vergessenheit anheim und ist für die Nachwelt verloren.

Besonders häufig vergesse ich Gesichter. Gute Freunde, liebe alte Bekannte, ja sogar Familienangehörige begegnen mir auf der Straße, und ich habe keine Ahnung, woher ich sie kenne. Selbstverständlich erwidere ich ihren Gruß mit freundlichem Lächeln und herzlichem Winken, aber das täuscht nur mich, nicht sie.

»Sommer 55«, klärt mich so einer mit beleidigter Miene auf. »Brindisi. Na?«

»Ach ja!« jauchze ich. »Brindisi! Wie geht's denn immer, alter Junge?«

Und ich entferne mich eilends, ohne seine Auskunft abzuwarten. Wer ist er? Und was ist Brindisi?

Nicht einmal meine Feinde behalte ich im Gedächtnis. Damit gerate ich in den Ruf der Toleranz. Das ist das Ende.

Es fällt mir auch immer schwerer, Namen zu behalten. Seit einiger Zeit spreche ich die jungen Damen, mit denen ich zu tun habe, ausnahmslos mit dem gleichen Namen an (›Puppe‹), damit keine unangenehmen Verwechslungen entstehen.

Noch größere Schwierigkeiten bereitet mir der Konsum von Literatur. Seit bald einem Jahr lese ich Solschenizyns Erzählung ›Ein Tag im Leben des Iwan Denissowitsch‹ und komme über die ersten fünf Seiten nicht hinaus. Auf Seite fünf nämlich heißt es: »›Galubtschik‹, sagte Wladimir Pruschtschenko und wandte sich zu Parslejewitsch Tschuptschik um, der am Gartenzaun mit Pjotr Nikolajewitsch Kusnjezewisky plauderte.« An dieser Stelle bleibe ich unweigerlich stecken, die Namen verschwimmen vor meinen Augen, ich kann die handelnden Personen nicht mehr voneinander unterscheiden und fange das Buch wieder von vorne zu lesen an.

Andererseits gibt es auch Dinge, die mit ehernen Lettern in mein Gedächtnis geprägt sind. Zum Beispiel die Aufstellung der ungarischen Fußball-Nationalmannschaft aus dem Jahre 1930. Man kann mich mitten in der Nacht aufwecken, und ich leiere sie fehlerlos herunter, Kohut, Toldi, Dr. Sarosi und natürlich Turay II, der damals den österreichischen Mittelstürmer Sindelar vollkommen kaltgestellt hat ...

Aber sonst herrscht in meinem Gedächtnis dichter Nebel. Obwohl man mir da«, wie ich schon angedeutet habe, nicht ansieht. Niemand würde mich für älter als 47 halten, oder höchstens 48 $^1/_2$. Vielleicht rührt das auch daher, daß ich Tennisschuhe trage.

Erst gestern begegnete ich den ungebetenen Trostversuchen einer jugendlichen Zeitgenossin mit den Worten: »Mein liebes Fräulein, ich bin lieber 25 und sehe wie 52 aus als umgekehrt.«

Dagegen läßt sich schwer etwas sagen, und die junge Dame sah auch dementsprechend dümmlich drein.

Die Leute scheinen es darauf angelegt zu haben, mir auf die Nerven zu gehen. Zum Beispiel kommt irgendein Idiot auf mich zu und erklärt mir, daß man so alt ist, wie man sich fühlt. Ein gefährlicher Blödsinn. Das Alter ergibt sich aus der Summe der Lebensjahre. Da braucht man gar nichts zu fühlen. Man braucht nur den Reisepaß zu öffnen und das Geburtsdatum nachzuschauen. Und wenn man seinem Paßfoto zu ähneln beginnt, ist es Zeit, dem Leben ade zu sagen.

Allerdings kommen mit dem Alter auch die Segnungen der Weisheit und der heiteren Entsagung. Ich bin ein solcher Fall. Ich beneide niemanden mehr um irgend etwas, ich nicht. Das einzige, was mich noch erbittern kann, ist ein Mann in meinen Jahren, der jünger aussieht als ich. Ich denke da an einen ganz bestimmten Versicherungsagenten, der mir um mindestens zwei Monate voraus ist und trotzdem, im Gegensatz zu meinem silbrigen Schopf, kein weißes Haar aufzuweisen hat.

»Wie kommt es«, fragte ich ihn, »daß Sie immer noch über Ihr jugendliches Schwarzhaar verfügen?«

»Eine Sache der Disziplin«, antwortete er mit hämischem Grinsen. »Wenn man einmal über vierzig ist, muß man etwas unternehmen. Sehen Sie mich an. Ich stehe jeden Morgen um sechs Uhr auf, jawohl um sechs, nehme eine eiskalte Dusche, reibe meinen Körper mit einer harten Drahtbürste ab, mache am Strand einen Dauerlauf von mindestens drei Kilometern, jawohl täglich, gehe jeden zweiten Tag in die Sauna, nähre mich hauptsächlich von Früchten und Joghurt, spiele Tennis, reite, lese den ›Playboy‹, nehme teil am pulsierenden Leben, und außerdem …«

»Was?« fragte ich atemlos.

»Außerdem lasse ich mir die Haare färben.«

Wie es wirklich war

Ephraim Kishons Erinnerungen, in denen er erstmals Farbe bekennt, sind ein bewegendes Stück Zeitgeschichte unseres Jahrhunderts mit all seinen Höhen und Tiefen und trägt so auch ein gutes Stück zur Versöhnung zwischen Juden und Deutschen bei.

Langen Müller

Evelyn Sanders

Humorvolle Familiengeschichten mit Niveau, das sind die vergnüglichen Romane dieser beliebten deutschen Unterhaltungsautorin. Evelyn Sanders versteht es unnachahmlich, das heitere Chaos des alltäglichen Lebens einzufangen.

Bitte Einzelzimmer mit Bad
01/6865

Das mach' ich doch mit links
01/7669

Jeans und große Klappe
01/8184

Das hätt' ich vorher wissen müssen
01/8277

Hühnerbus und Stoppelhopser
01/8470

Radau im Reihenhaus
01/8650

Werden sie denn nie erwachsen?
01/8898

Das mach' ich doch mit links / Bitte Einzelzimmer mit Bad
01/9066

Mit Fünfen ist man kinderreich
01/9439

Wilhelm Heyne Verlag
München

Plagiat: Ganz unter uns gesagt, irgendwann, irgendwo und irgendwie wurde alles schon einmal geschrieben. Es ist sehr schwer, etwas Neues zu erdichten, seit Aristophanes damit angefangen hat, meine Ideen zu stehlen.

Eine von 327 unbrauchbaren Lebensweisheiten

Kishon für alle Fälle
327 unbrauchbare
Lebensweisheiten
Illustriert von
Rudolf Angerer
238 Seiten, geb.

Die Zehn Gebote – und wie man sie am besten umgeht

Langen Müller

»Freispruch für den Apfel!« fordert der Wurm in dieser mit brillantem Witz geführten Auseinandersetzung mit der Bibel, den Zehn Geboten und dem folgenschweren Apfelbiß...

Doris Jannausch

Mit ihren heiteren Romanen gelingt es Doris Jannausch, ihre Leser mit viel Witz und Charme stets aufs beste zu unterhalten.

Mustergatte abzugeben
01/6431

Jungfrau sucht Löwen
01/6736

Mein lieber Schwan
01/6787

Alles wegen Hannibal
01/6892

Casanova wider Willen
01/7685

Glück mit Pechvögeln
01/7858

Montag ist erst übermorgen
01/7939

Mein Mann, der Hypochonder
01/8093

Komm nach Hause, Odysseus!
01/8208

Der Vollmond kostet keine Mark
01/8238

Ausgerechnet Kusinen
01/8386

Wilhelm Heyne Verlag
München